EL CEREBRO

SABOTEADOR

EL CEREBRO

SABOTEADOR

Cuando tu programación mental te perjudica

Eliseu S. Oleriano

Catálogo Internacional de Datos de Publicación (CIP)
(Câmara Brasileira do Livro, SP, Brasil)

Oleriano, Eliseu dos Santos

El cerebro saboteador : cuando tu programación mental te perjudica / Eliseu dos Santos Oleriano. -- 1. ed. -- Viçosa, MG : Ed. do Autor, 2021.

ISBN 9798517082664

1. 1. Autoayuda (Psicología) 2. Autoconocimiento 3. Comportamiento 4. Mentalidad positiva 5. Desarrollo del pensamiento I. Título.

21-63302   CDDD-154.24

Índices para el catálogo sistemático:

1. Mentalización : Psicología 154.24

Aline Graziele Benitez - Bibliotecaria - CRB-1/3129

RESUMEN

INTRODUCCIÓN

Vi pasar cosas, pasó el tiempo y no hice nada para cambiarlo porque realmente creía que todo estaba bien, ya que la media de la gente con la que convivía y la gente de la que oía, también se comportaba de la misma manera. Somos incapaces de percibir ciertas cosas por nosotros mismos. A veces necesitamos una mente externa para corregirnos y llevarnos de regreso al camino de la productividad y salir de la mediocridad.

A veces nos hacen creer que nuestra vida ya no tiene nada interesante, o vivimos esperando que un meteoro caiga sobre ella para revolucionar lo que pensamos que no podemos cambiar, ni resolver ni conquistar. Ya que, no sabemos nada, como diría el filósofo Sócrates, vivimos la vida de la manera en que lo hace o simplemente encendemos el piloto automático, dormimos y nos despertamos automáticamente, sin programar o dirigir, pero solo esperamos que los días pasen naturalmente, luego venimos. el fin.

Fue así durante muchos años y no imaginaba que los años pasaran tan rápido. Y pasaron. Cuando te despiertas ya ves mechones de pelo blanco y, sin embargo, la vida sigue igual. Al parecer muy ajetreado y ajetreado, pero desde el punto de vista del crecimiento, una monotonía sin igual. Muchos pasan por esto y no se dan cuenta. No somos los dueños de la razón, pero digo que la inmensa mayoría de las personas ponen su vida en una especie de piloto automático, y ya no tienen el placer de conducirlo, sino que solo esperan ser impulsadas por el ritmo y los compromisos que se les impone. a menudo ni siquiera el de ellos.

Estas personas aún no lo saben, pero al final se arrepentirán de haber dejado que sus vidas sean guiadas por tal destino. Destino que no perdona a nadie. Cualquiera que confíe en él y se deje llevar por él, puede encontrarse en un callejón sin salida y un camino sin retorno, al final. La vida nos permite soñar, pero tenemos que ser los impulsores de nuestros procesos, de lo contrario solo seremos actores de apoyo en lugar de los actores principales de nuestro propio escenario, de nuestra propia historia. Es difícil y complejo predecir este camino porque aprendimos desde pequeños que "el futuro es de Dios". ¡Y de hecho pertenece! Pero puedo determinar cómo alcanzar ese futuro. No lo sabía todavía. No sabía lo que sé en este momento de la historia.

Una cosa que puedo decir es que el hombre que descubre su propósito aquí en el mundo es un rey. Algunos se enteran demasiado pronto, otros demasiado tarde y otros mueren sin descubrirlo. Pobre de ellos, porque vivirán vidas desperdiciadas, con la sensación de que algo falta, sin entender qué es. El hombre que no define el propósito de su vida y se deja llevar por el vaivén de la marea, no le irá bien al final, y no entenderá por qué su vida no "funcionó". Estas personas están impulsadas por el destino. Destino en el que confían y piensan que al final les reservará cosas buenas, como en las telenovelas.

Las personas con un alto nivel de conciencia comprenden rápidamente que pueden ser los capitanes de su propio barco. Veamos entonces: si no planeas, no proyectas, no trazas el camino que quieres o seguirás, no tienes rumbo. Y hay un dicho muy cierto que dice que si no sabes a dónde quieres ir, a dónde quieres ir, cualquier camino va. Y realmente funciona.

Porque para llegar a cualquier parte solo tienes que caminar, en cualquier dirección, que tarde o temprano llegarás a alguna parte, oa ninguna parte. Este movimiento es impulsado por las propias piernas. No por el cerebro. Las personas viven en esta condición cuando no comprenden que pueden determinar su propio destino, que pueden conducirse, en lugar de dejar que la vida los lleve a donde quieran.

Mucha gente no es muy consciente de esta percepción sobre su viaje. Creen que no pueden hacer nada para cambiar su situación. Siempre esperan un evento externo que cambiará radicalmente la dirección y el significado de sus vidas, sin importar si puede llevar mucho tiempo o si realmente sucederá. Por lo tanto, viven aturdidos con la ilusión de que las cosas mejorarán, pero sin hacer nada para que esto suceda. Es un comportamiento de rebaño. El ser humano en su instinto animal tiende a juntarse en bandadas también y a imitar aprendiendo el comportamiento de sus compañeros. Y si vives en una sociedad donde el nivel de conciencia es bajo, tu nivel también tiende a ser muy bajo.

Es por esta razón que las personas no pueden ver esta situación cuando la están viviendo. Un buen trabajo, una buena familia, una casa, un coche. Y sin embargo, en el transcurso de la vida, o cerca del final, esa sensación de que faltaba algo, o de que no cumplieron alguna etapa de su misión en la Tierra. No se engañe. Mucha gente vive esta mala experiencia y no sabe cómo salir de este ciclo. Y luego viven infelices, tratando de encontrar en el otro, exigiendo de lo externo, algo que les falta en su interior. La solución a sus asuntos pendientes está precisamente dentro de ellos mismos, pero no pueden entender esto. Día tras día, año tras año, y nada para dar un paso definitivo hacia tu felicidad.

"Este mes voy a solucionar esto". "Para fin de año, puedo hacer eso". "Este año ya terminó". "El año que viene es mi año". "El año comienza sólo después de marzo". "Este mes tiene muchas vacaciones". En las vacaciones de julio aprovecharé para terminar esto ". Estas frases son típicas de quienes siempre posponen una tarea importante y culpan al calendario y al reloj. Pasan los años y no se ha hecho nada que debiera haberse hecho. Y la vida sigue sin resultados efectivos. A veces parece que todo sale bien para los demás y para ti nunca. Este sentimiento es el de muchos.

¿Pero realmente tenemos que ser así? ¿Hay alguna forma de que no hagamos las cosas de esa manera? ¿Siempre siguiendo a la manada o en modo de piloto automático? La respuesta a estas preguntas es lógica: No. Suponiendo que una situación es mala, incómoda, lo correcto es encontrar una salida a esa situación.

Piense en el caso hipotético de alguien que tiene un accidente en un bote y cae al agua. Esta persona está lejos de la costa, pero sabe nadar aunque no tiene mucha práctica. ¿Qué hará ella? Intente de cualquier forma no dejarse sumergir. Flotará. Intentarás no tragarte el agua del mar. No nades contra corriente para no cansar y perder las fuerzas por completo. En otras palavras: Hará cualquier cosa para escapar de esa situación. Hasta que esté en un lugar seguro y pueda ser rescatado.

Por lo que debería ser el comportamiento de las personas que viven en la situación del piloto automático. Lucha con uñas y dientes para salir de ese camino y hacerte cargo de tu vida. ¿Pero por qué no lo hacen? Debido a que van a un ritmo constante y no comprenden, no comprenden que esto les ocurre. En su opinión, todo está bajo control. Todo está controlado por ellos mismos, porque son dueños de sus propias vidas. Gran error. No lo son, y nunca lo serán, si no son conscientes de su situación real.

Cuando tomes el volante de tu vida encontrarás que conducir es difícil al principio, porque no tenías esa costumbre de responsabilizarte por ti mismo, pero con el tiempo será algo común y algo más sencillo. Aprender a tener calidad de vida involucra múltiples factores que están interconectados y todos parten de tu mente, con una matriz en tus pensamientos.

Pero en el camino, habrá alguien listo para cuidarte en todos los sentidos, incluida la creación de trampas para tratar de disuadirte de continuar. Intentar protegerte de la noticia y por eso creará varias situaciones con el fin de sacarte de tu nueva ruta que podría llevarte al éxito. Ese alguien es tu amigo, y que quiere amarte mucho termina saboteándote cada vez que estás a punto de dar un paso más. Ese alguien es tu **CEREBRO**. Sí. **Tu cerebro te sabotea**. Utiliza lógica programada para demostrar que debe permanecer en su zona de confort. Y lo hace todo para que, en tu necesidad de ahorrar energía, no avances en nada que él desconoce.

Por contradictorio que parezca, varias situaciones ponen a tu cerebro a trabajar en tu contra. Lo que debería ayudarlo a avanzar puede ser lo que lo frena. Las condiciones que te impone la programación instintiva o voluntaria del cerebro te hacen trabajar contra ti mismo, incluso sin darte cuenta.

Pero eso cambiará.

1

EL MIEDO PARALIZANTE

La gente vive con miedo todo el tiempo, miedo a no poder pagar sus facturas, miedo a perderse algo en casa, miedo a una agresión, miedo a morir, miedos de diversa índole. De los más pequeños a los extremos. Temor. Y el miedo es miedo. No importa lo grande que sea. El miedo es algo que paraliza e impide el progreso. Es entonces cuando no representa hasta la retirada, con la huida. Es un desarrollo natural, si se trabaja bien, porque genera cautela. La mente pasa por unas etapas hasta llegar a ese punto y por eso no nos damos cuenta de dónde estamos, porque fue un proceso lento y gradual.

Los cuatro tipos básicos de miedo, de los que se derivan el resto, son el miedo a la pérdida, el miedo al fracaso, el miedo a ser rechazado y el miedo a lo que no se conoce. Cada clase trabaja de manera diferente, pero todas actúan limitando su capacidad de acción práctica, ya que esposan y amordazan su relación con la realidad. Él encarcela y se somete a quienes están bajo su control.

Nadie quiere perder algo en su vida. El sentimiento de pérdida se considera algo malo porque en nuestras vivencias la pérdida siempre está asociada a momentos en los que el sentimiento surge de forma muy fuerte e intensa, desde la pérdida de un horario de bus hasta la pérdida de un ser querido. Pero la pérdida no siempre es algo a lo que debamos temer, ya que incluso algunas pérdidas son necesarias, como la pérdida del miedo en sí, que es el momento en el que se supera y se deja de lado. A veces ocurren pérdidas para que podamos avanzar un punto y llegar al otro lado. Recuerdo que hace unos años mi hermano necesitaba viajar en autobús para regresar a casa y como tenía tanto miedo de no llegar a la estación de autobuses a tiempo, se perdió su horario y no pudo abordar. Estaba muy molesto porque era fin de año y tenía muchas ganas de estar con nuestra familia. Luego descubrió que el autobús en el camino estaba involucrado en un accidente muy grave en el que murieron varias personas y muchas otras resultaron heridas. También se han reportado historias similares relacionadas con el mismo evento. Hemos perdido algo que en un principio parece muy malo, pero que, de hecho, mirando desde otro ángulo, representa la oportunidad de buscar cosas más grandes y mejores. Perder el miedo es la mejor pérdida.

El miedo al fracaso surge cuando necesitamos hacer algo, aunque sea sencillo, y este compromiso con el logro acaba por revelarnos una cierta impotencia en relación a lo que hay que hacer. Pero los errores y los fracasos no son del todo malos. Son para nuestro aprendizaje, y sin ellos no podríamos mejorar y evolucionar. Nos acostumbramos a pensar en los errores como algo que va en contra de la naturaleza, pero no todo empieza con la perfección. Las cosas comienzan con el caos y luego se organizan. El fracaso es natural y es el resultado de la inexperiencia la mayor parte del tiempo, pero no es algo malo. Lo ideal es aprender cuando podamos, con los errores de los demás, porque nos ahorraría tiempo y recursos, pero si no es posible, podemos aprender de nuestros propios errores. ¿Y cómo perdemos el miedo a fracasar? ¡Defecto! Tenemos que hacer algo, para ver que no hay nada de malo en fallar. Sin embargo, el miedo al fracaso nos impide probar las opciones que tenemos y nos pone en una paradoja. Si lo hacemos podemos fallar, y si no lo hacemos no fallaremos, ni lo lograremos, es decir, no nos movemos. Así que comete el error lo más rápido que pueda, corrija el error y no vuelva a cometer el mismo error.

El miedo al rechazo provoca timidez. Carecemos de valor para abordar determinadas situaciones porque muchas veces las experiencias previas han demostrado ser desastrosas para nosotros. El miedo al rechazo también impide el progreso, porque aprisiona nuestra voluntad en el campo de la mente. Siempre planificamos, pensamos y nunca ejecutamos por miedo a ser rechazados, a que nuestras ideas no sean aceptadas, a que nos critiquen. Por eso nos callamos. Muchas personas pasaron por situaciones difíciles en la infancia y especialmente en las escuelas, donde fueron duramente criticadas y maltratadas por sus compañeros, con bromas y burlas. Y es por eso que acaban por no poder emitir opiniones públicas sobre determinados temas y tampoco tienen las habilidades para llevar a cabo una comunicación favorable a cualquier relación.

El miedo a lo desconocido es uno en el que más le gusta trabajar al cerebro. Sabe que para que puedas avanzar tendrás que pisar un terreno que aún no has pisado. Pero esto hará que gastes más energía de la habitual. Entonces amplificará ese miedo para que no puedas moverte. Lo desconocido no es más que lo que aún no has visto, pero que esperas y de alguna manera lo anhelas, pero no has evaluado completamente su beneficio, ya que al principio no tienes una idea en tu mente de lo que es. usted encontrará. Por eso es importante buscar ciertos conocimientos sobre las cosas, porque así se te hacen más claras y podrás construir nuevos modelos mentales en base a lo que ya sabes. Por el contrario, si permaneces con una mente limitada, con poco conocimiento sobre ti mismo y el mundo, será susceptible de quedar atrapado por la trampa del miedo a lo desconocido.

La vida siempre se reserva situaciones en las que seremos puestos a prueba y nos mostraremos por encima del miedo si nos lo proponemos. El miedo revela ciertas debilidades que deben superarse. Cuando se vuelve continuo y provoca sufrimiento psicológico y compromete la relación de la persona con la sociedad, el miedo comienza a tratarse como una fobia, que es algo más grave porque es una enfermedad.

Las personas no se dan cuenta de que están siendo impulsadas por la condición a la que se les impone porque responden automáticamente a los estímulos a los que están sometidas. No responden por ti. Solo devuelven lo que los causa. Son reactivos. La reactividad es la actitud de quien simplemente espera. Espera que algo venga de afuera y los provoque. Espera que un estímulo externo lo provoque y lo ponga en el punto de partida, pero este juego tiene un final. El movimiento no es continuo y no dura para siempre. Y luego dependerá de otro estímulo que provoque otra reacción que te haga volver a moverte. Y es por eso que el miedo actúa con tanta fuerza. No actuar sobre lo que te da miedo te da aún más miedo.

Actúa rápido y si tienes miedo, ve con miedo de todos modos. Luego, sin darte cuenta, verás que ya lo superaste, o aprendiste algo valioso del error.

2

INDEFINICIÓN DE OBJETIVO

Dar en el blanco es sorprendente. Prepárate, apunta y vete. Esto en teoría. En la vida real hay muchas personas que todavía no saben hacia dónde apuntar, todavía no reconocen su verdadero objetivo. Siguen apuntando el arco en varias direcciones, pero no sueltan la flecha, y cuando algunas veces lo hacen, no lo hacen con tanta presión, y la flecha cae en medio del camino. Así es la vida de la persona que aún no ha definido su objetivo.

Muchas personas hacen eso. Como dijimos, las personas controladas por el piloto automático están caminando, pero no saben dónde. Y esa es la razón de tanta gente sin resultados satisfactorios o sin ningún resultado. La vida nos muestra que aquellos que muy temprano descubrieron y activaron su propósito en la vida, logran alcanzar los niveles más altos y mejores.

La vida es movimiento. Este movimiento necesita dirección. Una persona bien dirigida puede resolver cualquier problema que se presente. Sabemos lo difícil que es para la mayoría de las personas entender que sus vidas no son como querían porque no tienen la dirección correcta a donde ir. Esto en teoría es muy simple. Todos saben que deben ir en una dirección. Pero es precisamente esta dirección la que no está del todo clara. La gente camina por la vida y piensa que está llegando a alguna parte. Y realmente lo son. Cuando caminas siempre llegas a algún lado. No se puede llegar allí quedándose quieto..

Pero, ¿es productivo caminar al azar o en una dirección opuesta a sus objetivos? ¿Poner tu energía en algo que en el futuro no te traerá buenos frutos es algo bueno para tu vida?

Lógico que no. Hacemos esto todo el tiempo. Si no monitoreamos nuestro comportamiento e incluso nuestros pensamientos, no estaremos caminando por senderos de éxito. Para definir un objetivo, la reflexión es necesaria. Tenemos que pensar en el futuro.

En salud, tenemos que buscar una dieta adecuada y equilibrada para que después de años sigamos teniendo un cuerpo sano. Si buscamos un placer inmediato en el paladar, con una dieta no recomendada, es probable que tengamos mala salud en el futuro. Así que tenemos que ser consciente de esto y planificar bien los alimentos que comemos, porque nos construimos a través de ellos.

La actividad física es otra cosa que aporta mucho a nuestra salud, e incluso a nuestra autoestima. Un cuerpo bien formado hace que el organismo funcione mejor, dando las respuestas necesarias a los diversos estímulos, sin mencionar que con una buena forma, tu mente también reconoce este bienestar físico y comienzas a verte con "buenos ojos".

Si también desea tener éxito en el campo intelectual, comience a darse cuenta de lo que consume culturalmente. Empiece a leer buenos libros que agudicen su imaginación y percepción de la vida. Hoy en día, el acceso a este tipo de material es mucho más fácil gracias a la tecnología de las redes sociales. Obtienes buenos libros o audiolibros gratis, eliminando el precio como excusa para no educarte u obtener información. Y tienes acceso a cualquier tipo de literatura. Incluida la autoconciencia.

Estos son solo algunos ejemplos de segmentación. Lo que haces hoy se refleja en tu futuro. El futuro pertenece a Dios, como nos hicieron creer. Pero Dios te da la oportunidad de elegir qué futuro tienes. Es lo que llamamos libre albedrío. Y para eso es fundamental que elijas tus objetivos. Que defina esto muy bien para que se resuelva él mismo. Puede comenzar con metas básicas y simples, como metas para la hora del día, metas diarias, metas para la semana. Y luego pase a las metas más complejas de meses, años y metas de por vida.

La meta, la meta de la vida, es lo que le falta a muchas personas. Tendemos a dejar siempre esta búsqueda para el futuro. Esto es inconsciente, porque nada más nacer, ya estamos insertados en un sistema que está listo, y con el paso de los años se van interiorizando algunas reglas y muchas veces los contratiempos del día a día no permiten que se nos enseñe la importancia de esta búsqueda. A menudo, nuestros padres tampoco han encontrado su objetivo. Por eso nos enseñan la misma receta, la receta clásica: estudiar para encontrar un buen trabajo.

Los objetivos que se persiguen en la vida se conocen como *propósitos*. Las preguntas básicas para hacer son: Después de todo, ¿a qué vine a este mundo? Cual es mi rol Cual es mi principal tarea? ¿Qué he venido a hacer aquí en la vida? Sí, las respuestas a estas preguntas lo acercarán a su propósito. Las personas exitosas y de alto rendimiento tienen estas respuestas definidas. Ya saben por qué encontraron ese propósito tarde o temprano. Y tal como lo definieron, estaban persiguiendo sus metas para lograr ese propósito.

Las personas exitosas son personas como nosotros. Sin embargo, reconocieron dentro de sí mismos su verdadera identidad y su papel en este mundo. Por eso lograron sus objetivos. Una persona que no reconoce su verdadera identidad no puede encontrar su propósito.

Si no, veamos una breve historia:

En una ciudad del campo había dos jóvenes que se conocían desde pequeños, siempre estudiando en los mismos colegios y conociendo a las mismas personas. Sus antecedentes sociales eran muy similares ya que sus familias pertenecían al mismo ciclo de amistades y también tenían el mismo nivel de ingresos y riqueza. Eran amigos.

Uno de ellos, Juan, mantuvo mucho contacto con sus abuelos, lo que le valió largas tardes de conversaciones. El otro, Jose, siempre estuvo en medio de sus estudios, y de libros escolares así como de juegos electrónicos y ocupaciones diversas. Esto hizo que tuviera una personalidad mucho más centrada en los estudios que la de su amigo. Hasta ahora todo bien, porque varios jóvenes son diferentes entre sí.

Jose con los años se convirtió en un gran ingeniero, trabajó para varias empresas multinacionales y era muy bueno en lo que hacía, aunque no mostraba tanta alegría, ya que era como una máquina en el trabajo y en casa. Lleno de reglas a seguir e imponer a todos los que te rodean. Cuando alguien no hacía lo que quería o no se comportaba como pensaba que era correcto, siempre daba una lección moral y terminaba enojado.

Juan, a su vez, terminó la secundaria, pero cuando estaba a la mitad de la universidad tuvo que interrumpirla por problemas económicos en la familia. Luego regresó a su ciudad para ayudar a su padre. Pero con perseverancia Juan logró levantar las finanzas familiares, reinventando algunos procesos y métodos, lo que le hizo ganar mucho protagonismo y expandir el negocio. Con el tiempo, tuvo mucho éxito en todas las áreas de su vida, incluidas las finanzas.

Así que los dos jóvenes se conocieron después de años sin verse y se reconocieron en su ciudad natal, sentándose a conversar. Jose siempre fue muy conversador e inmediatamente trató de exponer su currículum, sus viajes para trabajar en las empresas para las que trabajaba y el dinero que ganaba. Juan escuchó con calma y se alegró mucho de saber que su amigo aparentemente estaba bien y "entrenado" con una profesión destacada.

Juan luego explicó que no pudo terminar sus estudios debido a problemas financieros en el pasado. Contó todo lo que pasó y cómo tuvo que trabajar duro en la empresa de su padre, incluida la limpieza del lugar al final de cada día, para ahorrar dinero con los empleados. Jose lo interrumpió, com pesar. Y dijo que podía ayudarte si lo necesitabas.

Juan continuó contando la historia de su vida y cómo se movía. Explicó que se sentó con todos los empleados de la época y les pidió ayuda para levantar nuevamente la empresa de su padre. Les ofreció acciones y porcentajes de las ganancias de la empresa, si usaban toda su fuerza de voluntad para ayudarlo. Y así se hizo. Se hizo querido por todo el mundo, y esta energía hizo que los negocios se dispararan de manera espectacular. Fue tan empático y proactivo que incluso le pidieron que se postulara para alcalde de la ciudad, pero rechazó la invitación.

Jose dijo que estaba sorprendido por todo esto. No entendía cómo él, que no puede terminar sus estudios en la universidad, tuvo un ascenso tan grande y lo superó en todo en la vida, incluso económicamente. Jose tenía en mente que sólo los "estudiados" podían llegar a los puestos más altos de la sociedad. Demasiado error.

Juan también dijo que esto era algo que no es real. Que quien quiera pueda alcanzar su objetivo, su propósito. Juan también recordó que durante su infancia y parte de su adolescencia solía ir al lugar donde vivían sus abuelos y hablaba mucho con ellos. Dijo que en varias conversaciones su abuelo le dijo que diera un giro en la vida. No entendía de qué se trataba, pero el hombre le enseñó que solo aquellos que saben lo que quieren y adónde ir llegan a la cima. También aclaró que debería entender quién era por dentro, entender de qué estaba hecha su esencia. Por supuesto que no con esas palabras. Habló de su identidad. También se trata de perseguir un objetivo en la vida, sea el que sea. Y, sobre todo, la frase más llamativa que escuché fue: "Sé bueno, pero no seas tonto".

Esto se guardó en la memoria de Juan y se reactivó cuando lo necesitó. Comprendió que no sería la universidad la que resolvería el problema de su familia. Y habiendo comprendido eso, reconoció que podía extender este razonamiento a su vida en general. Siempre mirando hacia adentro, para no olvidar quién era y de dónde venía. Entonces activó el propósito de ayudar a la gente. Y eso es lo que hizo. Ayudando a muchos, él fue el más ayudado.

Breve historia que nos muestra que no siempre los mejor preparados según los estándares académicos son los que van a ganar. Los más inteligentes no siempre serán los que logren la victoria. Pero aquellos que entienden quiénes son y qué deben hacer para lograr su propósito. Y, sobre todo, los que perseveran en él sin desviarse.

3

FALTA DE CONCENTRACIÓN

Un objetivo a alcanzar requiere esfuerzo. Ya sea pequeño o grande, pero siempre requiere esfuerzo. Si no está dirigiendo sus fuerzas en una dirección particular, será muy difícil resolver este problema de alcanzar la meta. Y sabes por que? Una persona, cuando quiere alcanzar una determinada meta, necesita mirar a un objetivo. Y en este movimiento de mirar a un objetivo está la clave para quien quiere ganar. Pero no se trata solo de mirar al objetivo y luego desviarse. Lo primero que hay que hacer es mirar el objetivo y prestarle atención. Tenemos que centrarnos en ese objetivo en particular.

Muchos salen perdiendo en este tema porque incluso están comprometidos con sus proyectos y están enfocados en resolver problemas. Pero su concentración es mínima y cualquier estímulo externo se distrae y pierde el foco. **El foco es el punto de convergencia del esfuerzo y la planificación**. Aquí es donde se encuentra el punto final de la trayectoria planificada.

La atención se centra en estrechar el cono de visión desde el punto de observación. Es el objetivo del objetivo. A veces no entendemos que mirar el objeto no es suficiente. Tenemos que concentrarnos en él. Centrar nuestra visión en el objeto para ver los detalles y no perderlo de vista. Si solo miras ese objeto, es posible que no seas consciente de sus particularidades, ya que hay muchas otras cosas a su alrededor, incluso pueden resultar más llamativas de lo que es. Entonces, si no usa el enfoque, no tendrá la percepción más precisa de la realidad del objeto.

Comparando con una cámara podemos entender que una lente tiene el ajuste de enfoque precisamente para que la visión se adapte a lo que quieres observar. El enfoque se ajusta de acuerdo con lo que el observador busca encontrar en un objeto o escena en particular. Esta comparación se puede extrapolar a los artefactos que tienen una lente articulada, como binoculares, lunetas, telescopios, microscopios.

Al enfocarnos en un objeto en particular, tendremos la percepción de que es muy grande, y que solo lo hay a nuestro alrededor. Este es el quid de la consecución de la meta. Si no se concentra en lo que quiere, en lo que espera, nunca lo conseguirá. Un sueño es solo un sueño si no tenemos acciones concretas para hacerlo realidad. Sin embargo, la acción excesiva, sin observar el punto al que se quiere llegar, tampoco se vuelve productiva, porque de qué sirve caminar si la atención no está en ese punto donde pensaba que iba a llegar.

La falta de enfoque ha hecho que muchas personas no alcancen sus metas, incluso si están tratando de alcanzarlas. Incluso si no se quedan quietos, las personas están teniendo dificultades para lograr lo que quieren. A menudo no comprenden lo que ha sucedido, porque no reconocen que les falta un ajuste en sus lentes. Falta algo imprescindible para la preparación. Falta el enfoque. Todo aquello en lo que te concentras se expande en tu mente, facilitando la percepción.

Piensas en algo, planifica en detalle lo que quieres hacer y lo que quieres lograr. Durante la caminata, aparece un obstáculo. Y luego tienes que parar y asentarte. Una vez que se resuelve el problema, vuelve a su camino y luego surge otro problema. Te vuelves a desviar para prestar atención a esta nueva situación y tus ojos están enfocados en este nuevo desafío a superar. Y luego otro, varios a la vez. Estas son las facturas a pagar, la atención que se debe prestar al jefe, la familia, los amigos, la vida social, el tráfico. Son desviaciones que nunca terminan. Podríamos hablar durante varios días sobre estos temas que se desvían del enfoque principal. No tiene fin.

Su enfoque se perderá cuando ya no pueda salir de la maraña de problemas que se interponen entre usted y su objetivo. Y ciertamente parece estar más lejos del alcance de la misma. Es normal. Si tus fuerzas parecen desvanecerse, y acabarse, es porque se están gastando en cosas que no están directamente relacionadas con el propósito que habías delimitado al principio. Pero cálmate. No es motivo para desesperarse. Solo tenga en cuenta que esto es fugaz. Si entiendes que los problemas pasarán, realmente pasarán, porque todo tiene un tiempo. Nada en esta vida dura para siempre. Los problemas van y vienen, mayores y menores.

Recuerdo que cuando era pequeño estaba en nuestra casa tratando de construir un pequeño avión de bambú. Y así, en medio de este proceso, con poca destreza, quise a toda costa ponerle una hormiga para que fuera "mi piloto". Solo mientras preparaba el avión, la hormiga caminaba. Entonces tuve que detener la construcción para recuperar la hormiga, porque era rápido, y la volvía a poner a mi lado, para poder esperar a que terminara mi trabajo. La hormiga ciertamente tenía otras cosas que ver con su propia vida y por eso siempre déjala cerca. Hasta entonces usé el recurso que estaba en mi mano. De hecho, a mi boca: Llorar. Y luego mi hermana vino al rescate y preguntó qué había sucedido. Respondí rápidamente a las lágrimas: La hormiga. Resolvió el problema matando a la pequeña hormiga. Y fue el final.

En esta historia perdí el foco de mi construcción cada vez que la hormiga se alejaba. Sin embargo, no lo sabía, pero la hormiga debería hacer su trabajo y no podía perder el tiempo conmigo en mis proyectos. Y además, podría haber trabajado junto con mi hermana, si atrapó al insecto o lo sostuvo. ¿Pero cómo haría eso si no le contaba lo que había planeado?

Así es en la vida. Surgirán muchas cosas y situaciones para llamar su atención, su enfoque. Debemos tener en cuenta que una buena comunicación a veces puede solucionar el problema de la atención, si eres sincero y comunicas a los demás que estás ocupado con una tarea muy importante y que necesitarás algo de tiempo para completar. No es necesario negar la atención a determinadas personas importantes como los familiares, pero hay que ser sincero en no poder atenderlos puntualmente, para que nadie mire tu atención previamente enfocada en lo que ya estabas haciendo.

Centrarse en el objetivo te permite completarlo más rápidamente que si se hubiera desarrollado en varias cosas al mismo tiempo. Muchas personas intentan realizar varias tareas al mismo tiempo y no pueden completar ninguna. Se escucha que hay gente que tiene muchas iniciativas y ninguna "terminativa". Esto se debe al enfoque. Están usando una lente multifocal, mirando varios objetivos al mismo tiempo y están en diferentes direcciones. A menudo, estos objetivos son incluso antagónicos, opuestos e incompatibles con el propósito principal.

Según el físico Isaac Newton, cuando dos fuerzas de la misma intensidad se enfocan en direcciones opuestas, se anulan entre sí. Es decir, no dejan que el objeto se mueva. La física muestra que si no te concentras en tu objetivo, no podrás lograrlo. Y eso nos hace cuestionarnos si es posible que alguien que no ha definido su propósito, o que no está enfocado en él, salga del estado de inercia y lo consiga. No. No logrará su propósito porque sus fuerzas se distribuirán dirigidas cada una hacia un punto, que incluso puede ser contrario al original.

El poder del enfoque radica precisamente en la concentración de fuerzas que hace que el objetivo sea alcanzado. Estas fuerzas, si se trabajan bien, juntas lo empujan y empujan hacia ese objetivo, porque el enfoque estará en ese único punto. Gary Keller, célebre autor del libro "*The Only Thing*" demostró que si te concentras en terminar una cosa a la vez, las posibilidades de que lo completes son mucho mayores porque no competirás con otras metas. Él enseña que si intentas lograr varias cosas al mismo tiempo, ninguna se terminará o los resultados no serán satisfactorios. Keller también señala que "The Only Thing" es el modelo mental que se debe utilizar, porque solo así podrás realizar las tareas lo más rápido posible con una alta probabilidad de éxito.

El enfoque está determinado por los niveles de atención. Las personas necesitan buscar motivación para terminar sus tareas y eliminar las posibilidades de distracción. Trabajar no es muy fácil, porque los hábitos ya están instalados, pero se pueden cambiar con un chasquido de fuerza de voluntad. Pero para que esto suceda, la persona tiene que entender que se encuentra en esta situación de falta de concentración.

Uno de los síntomas de esta falta de concentración es, por ejemplo, el hecho de que analizas tus resultados y te das cuenta de que no te has movido. Después de algunos períodos de tiempo y no pudo alcanzar ni la mitad de su objetivo principal. Ciertamente, ha gastado gran parte de su energía en otras cosas que no son su objetivo. Distracciones diarias que te ocupan mucho tiempo y ni siquiera te das cuenta de por qué tu cerebro sigue el ritmo habitual de falta de productividad. Y siendo esto normal para él, no entiendes que el problema está instalado. Y por lo tanto, no podrá salir de ese ciclo.

4

PROCRASTINACIÓN

Una vez que se establece el objetivo y se ajusta el enfoque inicial, está listo para tomar vuelo y comenzar el camino hacia el éxito en la búsqueda de su objetivo. Es hora de empezar a moverse. Planificación lista y ganas de llevar a cabo. Pero simplemente comience y pronto se encontrará perdido entre tantas otras cosas. Sabes lo que tienes que hacer y sabes qué hacer. A menudo ya sabes cómo hacerlo. Y comienza las actividades. Pero no se da cuenta de que se perdió en el proceso. Comienza por la mañana y termina al final del día y no ha logrado terminar lo que se propuso lograr.

Le pasa a mucha gente. Y lo peor es que no nos damos cuenta de que el tiempo pasa, y al final solo nos damos cuenta de que ya pasó. El tiempo se desliza en nuestras manos y somos impotentes al respecto.

El tiempo es nuestro activo más preciado. Es mucho más importante que el dinero, porque es escaso y una vez perdido ya no es posible, no recuperamos lo que se fue. Por otro lado, es el bien lo que la mayoría de la gente pierde. Ciertamente viven en un nivel bajo de conciencia y no se dan cuenta de que son piezas de su vida que están tirando a la basura. El tiempo es implacable. Cuanta más gente lo desperdicia, menos parece escaso en el momento en que desaparece, pero entonces surge la sensación de pérdida.

Procrastinar es perder el tiempo en lo que no es importante para nosotros en el contexto general. Es ocuparse de otras cosas que no son su principal objetivo programado. Es cruzar la línea marginal de la productividad a favor de los placeres momentáneos y repentinos. Es un enemigo invisible, pero te golpea con fuerza en cuanto te distraes.

El procrastinador a menudo se confunde con la persona perezosa. No tiene nada que ver con ello. No es cuestión de pereza. **Al contrario, al contrario, el procrastinador es muy activo**. Siempre estás haciendo algo. Pero, desafortunadamente, las innumerables cosas que está haciendo están desviando su enfoque de las cosas principales y necesarias, y por esta razón su resultado es menor de lo esperado.

Aquellos que procrastinan se sienten frustrados porque ven que todos obtienen resultados y él no. Y no sabes por qué no llega tu resultado. Hoy en día, con las redes sociales disponibles en la palma de la mano, la procrastinación se ha convertido en un deporte practicado por muchos. Y algunos se convierten en profesionales de esta práctica. Se despiertan temprano en la mañana antes de comenzar las actividades y ya tienen sus teléfonos inteligentes en la mano buscando algo nuevo en las redes sociales. Cuando se da cuenta de que es casi la hora de comer y todavía no han logrado producir lo necesario. La sensación de frustración llega, pero desaparece tan pronto como la aplicación de mensajería emite la señal mágica de que alguien ha publicado algo más. Y es difícil para el procrastinador dejar de atender esta llamada "importante" del dispositivo.

En la vida tenemos la opción de hacer lo que queremos. Pero la dilación es diferente. Está presente de una manera tan sutil que tiene el poder de sacarnos de nuestro estado de conciencia y hacernos bailar con él al ritmo que quiera. La gente no quiere perder el tiempo, pero ese pensamiento de "solo un mensaje más", "solo un grupo más", "solo 10 minutos más" nos lleva por completo y nos hace pensar que no hará ninguna diferencia en la planificación y la reunión. metas. Pero lo hace. Tendremos esta percepción al final de un período de tiempo, donde una determinada tarea ya debería haberse cumplido, pero aún no lo ha sido. Y aquí es donde siempre nos preguntamos: "¿Qué he hecho hasta ahora que no he podido completar esto"?

Es siempre así. Cuando estamos en modo de procrastinación, nuestra mente también está ocupada, y demasiado ocupada absorbiendo otra información o atendiendo varias otras tareas que no tendrán sentido al final del tiempo, pero que en ese momento se están apoderando por completo de nuestra mente. La dilación nos aleja del eje principal de nuestras ideas y nos lleva a otros campos. Es como si estuviéramos flotando en trance. El procrastinador se teletransporta de un momento de conciencia a otro en el futuro. Es como una máquina del tiempo, en la que entras en un minuto determinado y solo sales después de que hayan pasado minutos u horas.

¿Por qué pasó esto? Nuestro cerebro reconoce que estamos haciendo una tarea diferente a la habitual. Siempre nos llevará a la seguridad y comodidad de los hábitos simples, por lo que lo distrae con cosas orbitales para evitar que se sienta frustrado o lastimado si algo sale mal. Así que nos lleva por senderos marginales hacia lo que caminamos actualmente.

Es un mecanismo de protección para el mismo. Solo esta protección es dañina porque nunca nos permitirá pasar a la siguiente fase.

Empiece a prestar atención a los momentos en que se encuentra en su modo productivo. Cuando inicies una tarea, no te darás cuenta, con tu smartphone en la mano, accediendo a las redes sociales, o al usar la computadora, se abrirá una nueva ventana para buscar algo y te encontrarás minutos después con una lectura o un video que no tiene nada que ver con el sujeto en el que necesita enfocarse.

En nuestro mundo actual tenemos varias fuentes de distracción, principalmente electrónicas. Pueden superar nuestro deseo de alcanzar la meta si no nos controlamos. Estas distracciones son muy atractivas y no tienen fin. El rey Salomón en el libro de Eclesiastés dijo en el capítulo 12 que mucho estudio es aburrido. No quiso decir que estudiar sea perjudicial. Habla de la acción. No tiene sentido prepararse y nunca actuar como debería. Lao Tse en su *"Tao te Ching"* dijo que quien sabe y no lo hace es como si no lo supiera. Santiago, el apóstol al escribir su carta dijo que quien sabe hacer el bien y no lo hace, comete pecado.

E incluso Jesús, cuando habló con Judas la noche en que fue traicionado por él, dijo: Lo que tienes que hacer, hazlo rápido. Entender bien. Si incluso al que iba a hacer un mal muy grave se le dio la orden de hacer su intención lo antes posible, imagínense cuándo vamos a hacer algo que será bueno para nosotros o para el próximo.

Ahí radica el secreto de la diligencia de las acciones. El viejo dicho de los antigos: "No dejes de hacer mañana lo que deberías hacer hoy".

No hagas lo que puedas (o debas) hacer ahora en una hora. Tenemos que tener en cuenta que nuestras acciones actuales se reflejan en el futuro. Sí, y si no actuamos para nuestro propósito, ¿qué resultados tendremos? Ninguno. La dilación ha llevado a las personas a la desesperación porque se sienten inútiles o descalificadas. Y algunas personas no entienden por qué no han logrado sus metas, incluso si están preparadas para ello. Incluso si se han realizado sus esfuerzos iniciales de planificación. Pero no se dan cuenta de que es precisamente a lo largo de la caminata, en foco, donde está la clave de la meta. Tenemos muchas ideas en mente y no las ejecutamos. El miedo a cometer errores, la vergüenza de hacerlo, la voluntad de perfeccionarse, están en nuestra mente como algo que hay que obedecer. Pero es precisamente en el ensayo y error donde está la perfección de las cosas. Está en ejecución, aunque sea imperfecto, son los pasos para el resultado deseado. La sabiduría está en la ejecución, no en la planificación. Un pequeño resultado ya es mejor resultado que ningún resultado. Lo hecho es mejor que lo perfecto. Intenta, comete un error, hazlo de nuevo, pero asegúrate de hacerlo. Manténgase enfocado para no perderse frente a diversas distracciones.

Cuando ejecute una tarea que se propuso hacer, cuelgue por un momento. Después de planificar, comience a hacer algo para obtener ese resultado. Empiece con lo que hay que hacer. Solo empieza. Toma descansos. Si intentas terminar de una vez durante largos períodos de tiempo, lamentablemente te perderás en medio de tantos pensamientos que tu cerebro está acostumbrado a llevarte. Sea más inteligente que él. Ya sabes de qué manera te llevará por mal camino. Por supuesto que sabes.

Si aún no lo ha descubierto, comience a averiguar dónde se encuentra cuando regrese de la teletransportación por procrastinación. En tu celular, en TV, internet. ¿En donde? Sabrás qué hacer para que tu cerebro no te transporte a ese lugar. Entonces le darás trabajo para distraerte. Intentalo. Desconecta Internet, si es posible. Mantenga su teléfono inteligente alejado, elimine (desactive) las notificaciones. Tu enfoque será nítido.

No intente hacerlo todo a la vez, para que su cerebro no vuelva a romper su ciclo de productividad. Ve poco a poco. Vaya a su propio ritmo. Conoces tu ritmo. Solo necesitas esa conciencia de ti mismo.

Con el tiempo, notará que su productividad ha aumentado y que puede permanecer más tiempo concentrado en su actividad principal planificada.

5

PENSAMIENTOS DESVIADOS

Un pensamiento genera un sentimiento que a su vez genera una acción que da como consecuencia un resultado. Sea bueno o malo. Pero la matriz de eso es el pensamiento. Y mucha gente no lo sabe. Los pensamientos que se plantan en nuestra mente son los que nos llevan a acciones muchas de las cuales no queremos practicar, pero que parecen llevarnos como una madre lleva a un niño de las manos. No pudimos alejarnos de ellos. Si estamos en un nivel bajo de conciencia, no, pero si tenemos autoconocimiento será fácil superarlo.

El Evangelio de Marcos en su capítulo 21 nos dice que "es del corazón del ser humano de donde proceden los malos pensamientos". Y seguro. Nadie es llevado a una acción, si ese plan para llevarla a cabo no está ya en su mente. Muchos deben preguntarse: ¿Cómo podría alguien planear algo malo para sí mismo? Incluso sin ningún trastorno psicológico, una persona puede hacerse tal cosa a sí misma. En ese caso, el pensamiento no atrae. Crea esta situación. Si lo piensa, ya puede hacerlo. Si lo piensas varias veces, ya comienzas a convertirte en un experto en eso a nivel de planificación. Si mecanizas algo en tu mente durante mucho tiempo, en diferentes momentos del día, eso para tu mente ya se ha convertido en un hábito mental, simplemente se está volviendo común y no hay escapatoria de este ciclo.

Tu cerebro entonces tratará ese pensamiento como algo normal, como una actitud ordinaria para ti y siempre estará listo para llevarlo a cabo, incluso si no es tu voluntad. El pensamiento desviado le quita el enfoque de ser utilizado por su cerebro para evitar que continúe con una tarea particular de concentración, lo que lo acercaría más a alcanzar una meta. El cerebro usará esto como un mecanismo de protección para ti, basado en experiencias previas o simplemente ahorrando energía. El cerebro ahorra energía y siempre que pueda, lo hará.

Imagínese su computadora cuando no se utiliza durante unos minutos. Entra en un modo llamado protector de pantalla, donde el monitor está en espera para ahorrar energía, y si pasa mucho más tiempo el propio procesador entra en este modo y comienza a "hibernar". Un simple toque del teclado o un movimiento del mouse pueden despertarlo. Nuestro cerebro hace exactamente lo mismo. En un momento dado entra en modo salvapantallas. Hace esto para ahorrar energía cuando está tratando de realizar una tarea, pero su cerebro aún no ha entendido que esa tarea lo llevará a lograr algo más grande, la siguiente fase. Luego, el cerebro entra en trance utilizando un pensamiento desviado que es más común para él, ya que ya estaba instalado en su impulso mental. El cerebro simplemente lo llevó a su RAM. Utilizó todo lo que tenía a mano para distraerte.

El pensamiento desviado entra en ese momento. El cerebro no reconoce algo placentero, porque la producción consume energía y es cara, buscará la manera de detenerte en este gasto y pondrá algo más atractivo en su lugar. ¿Y qué pensamiento se llevará entonces a la mente? El que ya estaba siendo mecanizado. Uno que ya es habitual para la mente. Si ese pensamiento es de negatividad, es él quien entrará en escena para distraerte y la mayor parte del tiempo para hacerte renunciar a tu intención. El cerebro está feliz porque ahorró energía, y tú eres feliz momentáneamente porque fue adormecido por algún tipo de recompensa momentánea. Incluso si luego viene la tristeza por no haber completado la tarea.

Las tareas con resultados a largo plazo no son atractivas para el cerebro porque no ve la ventaja de esto. Buscará las recompensas más fáciles y cercanas. El cerebro desvía la atención de la persona que realiza la tarea enviándole imágenes y mensajes de cosas que generan placer inmediato. Esta maniobra seduce a la persona y termina posponiendo o renunciando al importante trabajo que estaba haciendo. El cerebro hace esto porque no comprende claramente el tipo de recompensa que vendrá de una tarea compleja cuyo resultado está muy lejos.

Otro factor que hace que el cerebro ahorre energía es el miedo. Cuando te enfrentas a una situación que te causa miedo, el cerebro te hará huir o quedar paralizado. Esta es una forma de ahorro de energía para que no se enfrente a la situación. El cerebro no sabe qué viene después de ese obstáculo y lo interpreta en base a situaciones similares vividas en el pasado. Y luego no quiere volver a correr el riesgo y, para protegerte, te sacará de la situación.

Esto se experimenta cuando estamos a punto de romper alguna barrera en una tarea determinada. Aunque la mente desee esta nueva etapa, el cerebro hará cualquier cosa para evitar que pases, porque en base a su lógica preprogramada, entiende que no será bueno. Y luego comienzan a enviarse a su mente registros de otras situaciones y distracciones para que no se mueva en la dirección de lo que él cree que es dañino.

El cerebro es el comandante del cuerpo físico. Es quien coordina las distintas funciones tanto relacionadas con él como funciones directamente relacionadas con otros órganos. La mente es libre. Busca cosas mayores, siempre abierta a nuevas experiencias. Sin embargo, existe el cerebro que actúa con mecanismos protectores. Hará que las intenciones y los pensamientos se conviertan en situaciones seguras. Y nuevamente surge la cuestión del ahorro de energía. El cerebro optará por cumplir con el programa que ya está establecido, utilizará pensamientos que se han estado procesando durante más tiempo y por períodos prolongados. Es entonces cuando nos desvía de nuestra intención plantando "nuevos" pensamientos en el momento en que estamos a punto de dejar la fase en la que nos encontramos para una posterior.

Los pensamientos desviados van acompañados de esos inocentes "sólo un poco más", "solo un ratito", "luego termino", "¿y qué?". Cuando cae en este ciclo de cambiar su enfoque con pensamientos de que está bien dejarlo para más tarde, su productividad cae y no puede terminar su misión.

Los pensamientos desviados surgen de la nada para la mente consciente. Pero no para el inconsciente. Ya están plantados allí. Solo esperando una oportunidad u ocasión para florecer. Y esa ocasión es justamente cuando estamos listos para realizar una tarea con mayor satisfacción. La gratificación a corto plazo es más simple y el cerebro comprende muy bien su significado. El cerebro solo quiere disfrutarlo.

6

GRATIFICACIÓN A CORTO PLAZO

Por gratificación a corto plazo nos referimos a aquellas en las que la sensación de placer llega sin esfuerzo, es casi natural. Esos son los momentos en los que, cuando realizas algunas tareas, te afectan pensamientos que se desvían del propósito inicial, pausas involuntarias impuestas por el cerebro cuando estamos realizando una tarea, paradas para conversaciones sin sentido, aplicaciones de mensajería, sitios web con contenido no productivo. . Estas actividades que generan gratificación a corto plazo no nos traerán crecimiento, pero el cerebro insiste en orientarnos hacia ellas, siempre que se deban realizar tareas importantes.

Según el escritor Brian Tracy, la capacidad de posponer las bonificaciones a corto plazo es un requisito indispensable para el éxito. Estos bonos deben posponerse debido a las recompensas más grandes a largo plazo.

Pero esto no es tan sencillo. Como dijimos, el cerebro que trata de optimizar tu gasto energético, intentará hacerte renunciar a las metas más grandes engañándote con gratificaciones a corto plazo. Son más placenteros a primera vista, están disponibles a mano. Son los que podemos captar en un movimiento, en un pensamiento.

Siempre que estamos ocupados con la planificación o la ejecución, tenemos ese impulso repentino de hacer otra cosa, sin relación con esa tarea. Esta cosa nos va a dar placer ahora. El cerebro te elude con estas pequeñas recompensas, ya que sabe que no estás preparado para esperar las recompensas más grandes, que suelen llevar más tiempo. Requieren más esfuerzo y, por tanto, más gasto energético. El cerebro te desviará de tu objetivo. Incluso puede hacer que te rindas si está acostumbrado a aceptar tus recompensas rápidas.

Podemos comparar estas bonificaciones con las de un niño al que le ofrecen un paquete de caramelos ahora o un pastel de chocolate mañana. Seguramente elegirán los dulces, incluso si entienden que el pastel puede ser mejor. Pero la recompensa es ahora más interesante en opinión del cerebro. ¿Por qué esperar hasta mañana si hoy podemos tener golosinas? Bueno, para algunas cosas puede ser, pero para las cosas más importantes, esta urgencia es lo que hace que todo salga fuera de la planificación o fuera de control.

Una persona en dificultades económicas, al analizar bien sus cuentas, debe darse cuenta de que se puso en esta situación porque entregó recompensas con anticipación. En algún momento, cosechó una fruta que no debería haber sido cosechada, o cosechó antes de tiempo. Es posible que incluso te hayas comido la semilla antes de plantar, como es el caso de muchos que reciben un recurso y en lugar de invertirlo para obtener más, prefieren gastarlo eliminando así la posibilidad de tener más después de cierto tiempo. ¿Y por qué se hace esto? Por la búsqueda del placer inmediato, de las recompensas antes del momento oportuno. A menudo, esta persona no estaba en condiciones financieras para adquirir un determinado activo, pero por el simple placer de poseerlo, se endeudaba y al hacerlo repetidamente llegó a la situación en la que se encuentra, en el fondo del pozo financiero.

La vida financiera de la persona es un buen indicador de si ha aceptado los dulces que le ha ofrecido el cerebro. En algún momento, se produjo la falta de control y ya no pudo afrontar sus compromisos financieros porque no regulaba las entradas y salidas de capital. Abrió los grifos y no se preocupó por las filtraciones porque a la hora de comprar fue puro placer. Las elecciones basadas en las emociones en su mayoría no son buenas.

Tiago Nigro, creador del canal "Primo Rico", y Joel Moraes, al dar consejos sobre compras, nos enseñaron la técnica QP2A, que dice que debemos equilibrar el deseo (emoción) con la necesidad (razón). En este método debes preguntarte si realmente quieres adquirir algo, y si la respuesta es sí, te preguntas por el momento que deseas. Si es el momento, la pregunta que debe hacerse es si puede hacerlo. Si es así, considere si eso es caro para su estándar. En las compras por necesidad, la primera pregunta es si realmente lo necesitas. Si la respuesta es afirmativa, responda si lo necesita ahora. Si la respuesta es afirmativa, termina con un "¿puedo?".

El método presentado anteriormente es efectivo porque le da a nuestra mente tiempo para ver si está a punto de ser engañada con el paquete de balas del cerebro. Si reflexionas sobre el modo QP2A te darás cuenta de que quizás esa compra momentánea, aparentemente inocente, no te sirva de nada en el futuro.

El sistema de recompensas cerebrales todavía nos depara sorpresas porque no estamos acostumbrados a responderlas con un buen y rotundo "no". El cerebro llega sutil y nos ofrece ese deseo de hacer una tarea por distracción y no lo ves mal. No le importa perder solo un momento, solo un poco de tiempo. Pero en el transcurso de 24 horas si sumas todo este abanico de situaciones en las que te sedujo el cerebro con bonificaciones rápidas verás que has perdido mucho tiempo y que no has producido nada.

Muchos llegan al final de una jornada laboral con la sensación de que no tuvieron tiempo para realizar las tareas que necesitaban. Este momento es uno en el que el disgusto llega por no haber logrado lo que querías, pero no está claro qué podrías haber hecho para evitar tal situación. Algunas personas viven en un nivel bajo de conciencia y ni siquiera se dan cuenta de que han sido golpeadas por esta condición que les impusieron por no resistir estas ofertas de recompensa rápidas y sin sentido.

Podemos citar, por ejemplo, cuando estás concentrado escribiendo un texto, y cuando menos te das cuenta ya te ves con el smartphone en la mano y mirando alguna aplicación de mensajería instantánea o alguna red social. Es como si te hubiera caído un rayo congelador y estuvieras paralizado, y alguien te pusiera el aparato en la mano y te descongelara de nuevo Y luego te despiertas de este estado con tu teléfono celular en la mano y ni siquiera sabes cómo llegó allí.

Fue una trampa tendida por tu cerebro. No quería gastar tanta energía en lo que estabas haciendo, por lo que te convirtió en un zombi para que detuvieras automáticamente tu tarea productiva y comiences a desviarte de otras tareas menos energéticas y más placenteras al parecer.

¿Cómo escapar de eso? ¿Cómo luchar contra este enemigo invisible que nos ataca sin saberlo ni sentirlo? Una de las armas es el foco. Si estás dispuesto a realizar alguna tarea importante, que requerirá tiempo y energía, toma cosas que tu cerebro pueda usar para gratificarte para que no te desvíe. Por ejemplo, estar en la computadora, y si no depende de Internet, puede apagarlo. Si lo necesita, puede ver los sitios que más le atraen y no son productivos por el momento, y bloquearlos temporalmente. Si la distracción es el teléfono celular, manténgalo alejado o en la bolsa. Apagado, o con wifi y datos móviles apagados para no ser molestado por distracciones y notificaciones.

Si está trabajando con su teléfono inteligente y necesita Internet, desactive las notificaciones de aplicaciones y redes sociales. Incluso puede desinstalar las aplicaciones de mensajería y redes sociales porque eso le facilita las cosas. Si está trabajando precisamente con estas aplicaciones, abandone los grupos y comunidades no productivos.

Si lo hace, será cada vez más difícil para su cerebro encontrar ayuda y formas de distraerlo.

Aún así, su cerebro puede usar un dispositivo más furtivo. Utilizará sus propios pensamientos. Mientras esté absorto en pensar y pensar en la tarea, su cerebro mostrará imágenes e introducirá pensamientos improductivos pero aparentemente placenteros. Estos pensamientos funcionan igual que el smartphone cuando son una distracción. Es el momento en el que estás viajando profundamente en tus pensamientos y una vez más te teletransportas en el tiempo. Puede ser un segundo, o varios, e incluso pueden ser minutos de desconcentración involuntaria. Y de nuevo, cuando te despiertas del trance, estás ahí sin hacer nada y ha pasado el tiempo.

El pensamiento es un arma poderosa. ¿Qué hacer para escapar de este trance? Utilice el poder del subconsciente a su favor. Cada día comienza el día con pensamientos de cosas buenas, de determinación, de felicidad. Empiece el día pensando y hablando consigo mismo sobre la productividad. Ponga pensamientos de productividad en su cerebro, piense en sí mismo como alguien productivo, alguien de resultados y dígaselo a sí mismo. Verbalice esto para usted mismo. Tenga en cuenta que lo que dicte y determine para su cerebro, esto es lo que utilizará.

Cuando llenas tu cerebro con pensamientos no productivos, pensamientos sobre cosas malas o cosas que no te ayudan a llevarte al futuro que deseas, esto te tendrá en cuenta y el cerebro siempre usará esos pensamientos para hacerte dejar el estirarse. Son los pensamientos que alimenta su cerebro los que usa en su contra en los momentos en que genera gratificaciones rápidas.

Por lo tanto, controle sus pensamientos. Empiece a tener y ejercitar pensamientos positivos que estén en línea con sus objetivos. Evita los pensamientos que te hagan pensar que no vas a conseguir lo que quieres, porque de lo contrario tu cerebro te proporcionará formas de no alcanzar. Esto no es difícil, ya que él ya trabaja todo el tiempo impidiendo que gastes tu energía en lo productivo.

Cuida tus pensamientos.

Miralos.

Conducirlos.

7

ZONA DE SEGURIDAD

Si va a una determinada fábrica, notará que hay ciertas áreas que no son de libre acceso para el público interno. Los bancos tienen esa área. En organismos públicos como Foros y Comisarías, cuarteles, también se encontrará con esta zona denominada zona de seguridad, que es un lugar restringido, con acceso permitido a unos pocos. No puede entrar cualquiera.

En la zona de seguridad, la persona que no tiene libre acceso no puede ingresar. Esto se hace precisamente para que la custodia y seguimiento de activos, valores, equipos o procesos sea en seguridad real.

Estos son los fundamentos. Pero lo que citamos aquí es que también estamos condicionados a una zona de seguridad mental. Nuestra mente a veces está atrapada en esta zona de seguridad. Nos da esa sensación de seguridad, pero también representa una celda donde nuestros sueños y metas están atrapados sin posibilidad de escapar.

Seguramente has oído hablar de esta zona de seguridad de la mente, pero con un nombre menos coercitivo. Lo has oído bajo el nombre de zona de confort. Mucha gente le dice que no se quede en su zona de confort. Dicen que la zona de confort te impide ser feliz, progresar, prosperar. La zona de confort no es más que una celda, a veces incluso amplia, bien iluminada y con una ventana que te muestra todo un mundo exterior. Pero sin posibilidad de tener la puerta abierta. No puedes salir de eso. La mayoría de las veces, esta celda, sin embargo, no es para nada cómoda, en realidad representa incomodidad y descontento.

La zona de confort es solo eso. Carece de comodidad, como muchos aún no se han dado cuenta. Tiene este nombre porque aparentemente la persona está estabilizada e inmovilizada en él. Tiene este poder para paralizar a una persona en él, porque no revela su salida. Entonces la persona piensa que está a salvo dentro de él.

Algunos saben que la zona de seguridad es un mal lugar para estar, pero no pueden deshacerse de ella, volviéndose apáticos y sin fuerzas cuando algo los obliga a irse. Otros ni siquiera se dan cuenta de que están en esta zona por su propia voluntad, sino porque hay algún tipo de bloqueo emocional que los mantiene cautivos en esta zona, con la falsa ilusión de que lo están haciendo bien y que no. el cambio es necesario. Estos son sin ver lo esencial y, por lo tanto, viven en la normalidad de sus vidas sin alcanzar nunca la meta principal.

La zona de seguridad ya no es cómoda en el momento en que te das cuenta de que estás atrapado y que no puedes salir de ese ciclo, y por eso no estás llegando a ninguna parte. El nombre zona de confort implica que esta condición es algo bueno, pero no lo es. Esta condición es impuesta en nuestra mente por el miedo a lo desconocido. Por miedo a cruzar una barrera, a cruzar un obstáculo. Entonces el cerebro conociendo esta información acaba usándola para evitar que causemos cualquier daño que suponga. El cerebro coloca inmediatamente un sofá en esa celda y tu mente se sienta en él. Y ya no sale.

Muchas personas se encuentran en esta situación, pero no se dan cuenta de que en realidad están estancadas por alguna razón, pensando que están a salvo, pero en realidad están encarceladas, encadenadas a una situación que muchas veces es incómoda. Esta zona de confort puede ser un salario, un trabajo, una supuesta estabilidad laboral, un empleo público o un noviazgo, una relación amorosa. Cualquier cosa que te haga sentir un poco seguro y al mismo tiempo te impida dar el siguiente paso.

La zona de confort ha hecho que muchas personas renuncien a sus sueños, sus planes, sus metas, su vida, a cambio de una pseudoestabilidad. Simplemente porque da una sensación de seguridad, y entonces la gente no está dispuesta a correr riesgos y cambiar una situación por una mejor. Esta zona no tiene nada de confortable. Es la condición que impide a un número infinito de personas activar y apoderarse de lo que la vida ya les ha preparado, con solo cosechar. No nos equivocamos al describir la zona de confort, la tratamos como algo malo en todos los sentidos.

Muchos dirán que el sujeto está en esta zona de seguridad de forma voluntaria, y que nadie está obligado a seguir unos estándares preestablecidos por la sociedad, a buscar el éxito sea cual sea en cualquier ámbito de su vida. Pero la verdad es que nadie es voluntario para estar en esta mala situación. Las personas se quedan atrapadas allí porque han dejado de creer en su potencial en algún momento de sus vidas. Dejaron de avanzar hacia sus metas. Se hicieron creer que lo que tienen ya es bueno y que no necesitarán más para sobrevivir.

La zona de confort hace que la gente viva un medio de vida. No están pensando en sí mismos ni en los que están bajo su responsabilidad o cuidado. Pero creen que lo son. Y esto es incluso una paradoja, pues una persona no se arriesga a salir de su zona de confort precisamente porque esa salida implicaría poner en riesgo varias cosas, entre ellas: dinero, salario, trabajo, reputación. Mientras que su partida le haría ver otros horizontes y lograr mucho más. Es un ciclo maligno.

Para solucionar esto es necesario que la persona sea plenamente consciente de sus objetivos, porque si no sabes a dónde quieres ir, cualquier camino servirá. Y si no tiene un objetivo establecido, cualquier lugar es un resultado. Una vez que tenga un objetivo establecido, debe ser consciente de que cualquier acción que no se realice hacia el objetivo que desea implica no resolver el problema. Cada vez que te llame el sofá de la zona de confort, debes tener en cuenta que no estará más cerca de lo que deseas.

Por lo general, vemos que la persona para motivarse tiene que pensar en lo que ganará si adopta una determinada actitud. Pero en este caso específico, debes pensar en lo que perderás si no actúas de una manera para lograrlo. Porque si estás en tu zona de confort, la situación aparentemente es tranquila para ti. Entonces, si piensas en lo que te estás perdiendo, hará que despiertes tu mirada hacia algo en lo que aún no has pensado. Te hará organizar tus pensamientos para que te lleven a ese lugar donde quieres estar. Eso es porque su cerebro ve una pérdida como algo muy serio. Y darse cuenta de que te falta algo muy útil y bueno, será determinante para que te levantes del sofá.

No es que este hecho en sí mismo vaya a cambiar todo un patrón de pensamiento, sino porque el cerebro se activa por una serie de desencadenantes entre ellos la escasez, y para él, cuando entiende que estarás perdiendo algo que podría ser tuyo, provoca que se mueva para realizar tal tarea. Esto requiere práctica porque constantemente estaremos desmotivados por otros pensamientos, y a medida que logremos superar las primeras barreras, el camino se volverá más agradable de seguir. Además, por supuesto, nos volvemos más fuertes y más decisivos a medida que se superan los obstáculos.

La zona de confort dejará de ser tan "cómoda" cuando tomemos conciencia de que fuera de la celda hay un mundo por recorrer lleno de cosas por descubrir y disfrutar, no solo para nosotros, sino también para todos los que están bajo nuestra responsabilidad. Tu mente te dará la fuerza para liberarte cuando comprendas que la vida es mucho más de lo que ves ahora y que hay cosas mejores que no estás logrando debido a la inacción.

Debemos recordar siempre que el camino va más allá de lo que vemos.

8

EL VIDENTE NEGATIVO

El vidente negativo siempre intenta hacer sus predicciones en nuestra mente. Siempre está ahí mostrándonos sus predicciones sobre nuestro futuro. También es alguien que no quiere que des un paso adelante en el camino hacia el éxito. Por lo general, comienza con "Yo no". Y luego ya piensas que no puedes, que no tienes la capacidad, que no fuiste hecho para eso. Él le dirá que no está preparado y que nunca sería bueno para hacer tal cosa.

El vidente negativo te informa y te recuerda las veces que trataste de hacer algo y salió mal. Y luego piensas que no vale la pena intentarlo porque volverá a salir mal. Aún no lo entiendes, pero ese error del pasado te hizo llegar hoy mucho mejor preparado que ayer. Errar es aprender. Comete un error rápidamente y no vuelvas a cometer el mismo error. El error es una experiencia de aprendizaje, agudiza tus herramientas para que seas más hábil para realizar una acción.

Pero el vidente no te muestra eso. Quiere mostrarte que no tiene sentido hacer nada. Te hace suponer que todos saben lo que estás pensando hasta el punto de angustiarte por el pensamiento que querías implementar y no tuvo el coraje de hacerlo porque le importa lo que otros piensen de ti. El vidente negativo atribuye este poder a los demás, el de leer pensamientos. Mira qué absurdo. La mayoría de la gente deja de hacer algo porque otros lo pensarán mal. El vidente negativo también te hace pensar que tienes el poder de leer los pensamientos de los demás. Y lo cree y no hace nada. No hace nada porque pensarán que eres un idiota, un despistado.

Desafortunadamente, mucha gente va a este paso. Cuando intentan lograr algo, su mente pronto viene, basada en experiencias previas, en los programas previamente instalados y arroja ese balde de agua fría sobre sus ideas. "Tu no puedes". "Fulano de tal tiene más preparación, y por eso lo hizo". "Eres feo", "no eres para esto". "Pensarán que eres ridículo". "Pensarán que estás loco, eh". Cuánto pensamiento negativo pone el vidente en su cabeza. Y de esa manera escucharás esa voz que hace estas absurdas predicciones sobre ti. Nunca experimentarás el bien en la vida mientras lo escuches. También tiene miedo de que tomes una decisión. Cuando llega el momento de tomar la decisión, bien o mal, aparece y dice: "mira, ten cuidado eh". "Están intentando engañarte". "No te irá bien en ninguna de las opciones, toma tu lugar".

No escuches más esa voz del vidente negativo. No tenga en cuenta a este conductor para guiarlo a donde quiera o hacer que se quede quieto. Creer en ti mismo. El vidente te desanimará cuando estés a punto de cruzar un obstáculo y completar una etapa. Cuando estés entrando en el lugar correcto para dar el salto, el vidente vendrá y predecirá lo peor. Entonces, ¿Qué haces? Simplemente no lo hace. No juegas. No decide, no elige. Y una vez más no logra avanzar.

Otro punto en el que el vidente quiere influir es en su visión. Te hace ver gigantes por todas partes. En cualquier situación siempre te muestra un gigante, insuperable, imposible de ganar. Cuando llegas a una situación y ya te encuentras con un gigante, no piensas bien qué hacer. Solo piensas: ya he sido derrotado, eso se acabó. Tú lo crees, porque como el psíquico te muestra al gigante, también te hace verte muy pequeño. Más pequeño de lo que eres en realidad. Y no importa si piensas, "¡Ah! pero David ganó a Goliat y no a mí", porque el vidente quitó la piedra y también la fe.

No veas gigantes a tu alrededor. Deja de ver gigantes a tu alrededor. Empiece a ver el gigante que hay en usted. Comienza a darte cuenta de que tu fuerza interior te hace más grande que el supuesto gigante que se te presentó. Eres mucho más grande que tu problema. Eres infinitamente más grande que el obstáculo que ha surgido o que se ha colocado frente a ti. No temas más a estos gigantes. Tenga en cuenta que si cambia su punto de vista, si sube, estos gigantes hoy parecerán hormigas muy pequeñas.

Deja ir a ese vidente. Ponle una mordaza en la boca, o ponle un teléfono en los oídos con esa canción "Yo puedo, puedo hacerlo". Cuando haces esto, el vidente no tiene nada más que hacer, ya que su función es solo traer negatividad e inercia.

9

LA GEOGRAFÍA DEL SITIO

El concepto de lugar es muy importante para la geografía. El lugar es el espacio apropiado o percibido por las relaciones humanas. Cada persona verá el mundo de una manera determinada en función de sus experiencias vividas y aprendidas a lo largo de la vida, de acuerdo con valores sociales, morales e incluso religiosos. La importancia de la percepción del "lugar" es tan importante para nosotros como la vista física del lugar en sí. La forma en que percibimos el lugar crea un determinado patrón mental y un sentido de pertenencia a él o a otros similares o relacionados con él.

Si tu mente ha interiorizado que perteneces a un lugar en particular, creará una red de ideas y percepciones sobre qué lugares son adecuados y cómodos para ti. Es por eso que a menudo te sientes bien en algunos lugares y no tanto en otros, incluso queriendo alejarte de ellos. Y la percepción del lugar en ese nivel te trae cosas que son cruciales para tu éxito o fracaso. Todo lo que está contenido en ese "lugar" puede ser bueno, agradable, deseable para ti o no. Dependerá de cómo veas este lugar. Si el lugar es para ti, las situaciones, los bienes, las personas, son para ti. Si, por el contrario, es malo para ti, todo esto será malo, porque pertenecen a ese lugar.

"Este lugar no es para mí"! Ese pensamiento debe haber penetrado en tu mente al menos una vez en tu vida. Muchas personas quedan paralizadas en determinadas situaciones porque interpretan que no merecen alcanzar ninguna meta, en ningún lugar. Y si su mente no ha sido entrenada, preparada para estar en lugares prominentes y exitosos, no reconocerá el podio como su lugar. Esto te dejará atrapado en malas situaciones. Y los tratará como buenos, aunque no lo sean.

"¡Olvídalo, este no es lugar para ti!" Otra frase que mucha gente ha escuchado, incluso de su mente. Esto anula todas las posibilidades de lograr algún éxito en ese lugar. Cuando escuchas esta frase, es como si te arrojaran un balde de agua fría, porque si no tienes la determinación de continuar, te detendrás o volverás al lugar de donde viniste. Cuando te dices una frase así, tu mente ya ha entendido que no quieres llegar o quedarte allí, si ya lo has hecho. Y ella hará cualquier cosa para que tú no puedas, porque ya se ha dado una orden en la dirección de no recibirla.

Si ve un cierto "lugar" que no pertenece a su nicho, su mente no aceptará ese lugar como algo bueno. No te sentirás cómodo en ese lugar y por lo tanto no podrás disfrutar de los beneficios que este lugar te puede ofrecer. Ese trabajo soñado, su empresa exitosa, las relaciones personales y emocionales, representan lugares mentales de bienestar. Si crees que no perteneces allí, no serán para ti. Sin embargo, si comprende que no ha tenido acceso a esto antes, pero que puede disfrutarlo ahora, estos lugares se volverán familiares y comunes para usted.

Parece extraño decir que a alguien no le gusta estar en buenos y mejores lugares de los que asiste actualmente, y algunos dirán que esta percepción es cuestión de gustos. Sí, pero ¿de dónde viene el gusto por este lugar? Desde la percepción que te provoca tu mente en base a las experiencias que has acumulado o las enseñanzas que has aprendido. Si solo tuviera acceso a enseñanzas mínimas, su percepción se limitará a eso. No estamos hablando de educación formal. Hablamos de niveles de cultura. Si también ha vivido en un lugar que contenía algunos factores de riesgo social, también puede tener bloqueos emocionales en relación con ciertos lugares mejores.

Dentro del concepto de lugar, el análisis no se realiza de forma directa ni racional. Está hecho desde el punto de vista de la percepción humana, y por tanto, como ya hemos dicho, tu mente te traerá consuelo o no según lo que esté instalado en ella.

El *lugar* del que estamos hablando aquí no es solo físico, sino un estado de cosas que su mente ve como un entorno propicio o no para que usted establezca sus relaciones exitosas.

Cuando se sienta incómodo, pero esté seguro de que el lugar es bueno para usted, piense y diga: "Este lugar es para mí", "Quiero este lugar y llegué", "Me sentaré en mi lugar". Trabaja tu mente para no permitir que te **niegue geográficamente**. Empiece a pensar en el lugar al que pretende llegar como algo bueno. Como algo que es tu deseo. Como algo que aún no ha probado, pero quiere intentar averiguar si es bueno o no. Sea valiente y no mueva más las piernas cuando esté a punto de llegar al "lugar" que se merece. Muéstrale a tu cerebro que tienes el control y que puedes pertenecer a los lugares buenos, altos y prominentes. O demuestre que también puede quedarse donde quiera y no estar más limitado a una geografía impuesta por su pasado que ha atrapado su mente.

El resultado de esto será una nueva vida. No te angustiarás cada vez que pienses en llegar, llegar a un lugar diferente al tuyo, un lugar donde te asentarás para alcanzar tu meta, tu éxito.

10

EXILIO MENTAL

El exilio es una situación en la que una persona está fuera de su hogar o país por motivos forzados o por libre elección. El exilio era una práctica muy común en el pasado. Pero incluso hoy, muchos que no han abandonado sus hogares o su país, viven en esta condición de exilio en sus propias mentes. Algunas personas nunca saldrán de esta situación, porque encuentran esa práctica completamente común. La vida es un ciclo, y en ocasiones las personas se ven sometidas a determinadas situaciones que las marcan mucho y de las que es muy difícil salir sin ayuda. Situaciones de trauma físico o psicológico que le quitan la alegría de vivir provocan un estado de ánimo que aprisiona a la persona en sus propios pensamientos.

Un exiliado mental vive una realidad paralela. Vive la vida ordinaria, pero su verdadero yo está escondido en su mente. Es en este país interior donde la persona se encuentra en todo momento. No importa si estás en el momento de descanso, o realizando alguna actividad, ya sea manual o intelectual. Muchos entran en este ritmo y permanecen mucho tiempo en su día. Es como si fuera un refugio, donde la persona se escapa de la realidad y se refugia en su mundo interior.

La vida tiene sus presiones naturales y en ocasiones algunas personas no las soportan y tienen esta forma de afrontar la realidad que se les presenta. Otras veces, la persona está tan desenfocada en las cosas que está haciendo que mentalmente escapa de lo real y busca refugio en lo imaginario. ¿Quién nunca se ha enfrentado a la situación de realizar algún tipo de trabajo y de repente pierde la concentración, y cuando vuelve a despertar a la conciencia, está con su trabajo detenido? Muchos ya han experimentado tal situación y la encuentran común.

El lugar para vivir es en realidad, en el mundo real. La fantasía es buena de vez en cuando, pero debemos estar presentes y concentrados en el mundo real. A veces, una pequeña ilusión es realmente necesaria para alimentar nuestra creatividad, pero cuando se trata de hacer algo, es en el mundo real donde debemos estar.

La condición de exilio mental también puede ser algo en el que la persona haya sido colocada por una situación o un tercero. Las personas previamente debilitadas, o con traumas del pasado que sufren cada vez más presiones externas, pueden refugiarse en su interior, pero de forma negativa, simplemente perdiéndose en el interior de su mente sin hacer nada útil para sí mismas.

Reconocer esta condición es la forma de salir de ella. Tenemos que darnos cuenta si vivimos en ese estado, porque la vida tiene que continuar. Necesitamos ser conscientes del mundo real y dejar el mundo ilusorio de la mente que nos retiene. No basta con reconocer el exilio, sino escapar de él, volver a la realidad cada vez que tu percepción reconoce que está perdida en la mente.

La gente permanece sin resultados prácticos en la vida debido al exilio mental. Si tuvieras que escudriñar la mente, caminar alrededor de ella en busca de algo que pudiera modificar o impactar la vida de otras personas, este viaje a través de la mente sería muy productivo. Podrías emprender viajes intencionales en busca de respuestas a los muchos problemas que te atormentan. Pero pasear por tu mente sin intención de producir nada útil no es prudente, a medida que pasa el tiempo y no podrás lograr lo que necesitas, ya que no ha mejorado tu mente y simplemente se ha perdido en pensamientos dentro de ella.

11

CHOQUE DE REALIDAD

El choque con la realidad llega cuando realmente te das cuenta de que hay algo que no funciona en tu vida. Miras hacia un lado, miras hacia el otro, y ves que no has salido del lugar en el que estabas hace un tiempo, o aunque te has movido un poco, no te has acercado al lugar al que aspiras.ocurre cuando realmente te das cuenta de que algo anda mal en tu vida. Miras a un lado, miras al otro y ves que no has salido del lugar donde estabas hace un rato, o aunque llevas un rato caminando, ni siquiera te has acercado al lugar que quieres. A menudo surgen comparaciones como: Fulano de tal lo consiguió y yo no, fulano de tal lo compró y yo no puedo.

En la vida siempre tenemos varias opciones para elegir, y si nuestra mente no está preparada elegiremos la que no fue la mejor para nosotros. Hay momentos en los que no elegimos y nuestra falta de acción nos lleva por caminos que después de un tiempo lamentamos. El que no toma las decisiones necesarias tendrá que contentarse con lo que le depara la vida. Si no eres el capitán de tu vida, tendrás que aguantar las olas que arroja el mar en tu barco y viajar con la marea.

Por mucho que te prepares desde un punto de vista académico, la mayoría de las cosas no están garantizadas por un diploma. La educación solo te moldea a un nivel de vida que es continuar como empleado en una empresa y trabajar para alguien, o aprobar un examen público y trabajar para el gobierno. No es que esto sea algo malo, pero lo es si la persona siente que tiene un potencial para algo más grande y no se ha dado cuenta. Son raros los que se ponen en el mercado por su cuenta y logran mantenerse.

El sistema educativo formal valora mucho la inteligencia lógico-matemática, que es la que cuantifica las cosas, formula hipótesis y las prueba. Esto se debe a que sirve muy bien a los fines sociales preestablecidos relacionados con el mundo del trabajo. En otras palabras, la escuela prepara a los jóvenes para trabajar en trabajos formales, generalmente para alguien que les proporciona un salario a cambio de sus horas de trabajo.

La preparación para afrontar los retos de la vida está más relacionada con la combinación de diferentes tipos de inteligencias, entre las que destaca la emocional en los dos puntos, intrapersonal (autoconocimiento) e interpersonal (relación con los demás). El individuo que se conoce a sí mismo conoce sus capacidades, no para limitarse, sino precisamente para superarse, para buscar lo que le falta y el individuo que puede relacionarse con los demás para satisfacer y suplir lo que el otro necesita, tiene grandes posibilidades de subsistir. en el gran tablero del juego de la vida real. ¿De qué sirve conocer diferentes cálculos si no puedes mirar dentro de ti mismo o tener empatía para tratar con los demás?

Vivimos en un mundo socialmente desigual, pero con oportunidades para todos. En él hay todo tipo de personas. Lo que falta en unos se desborda en otros. Debemos buscar este encuentro de nosotros mismos para que podamos desbordar en la vida del otro lo que tenemos y lo que él necesita.

Seamos claros en lo que tenemos que hacer. Y para la claridad de las acciones debemos tener claridad de pensamientos. Nuestros pensamientos deben centrarse en las cosas más útiles. Aunque los pensamientos vagos a veces hacen que nuestra creatividad se agudice. Debemos ser intencionales en nuestras acciones. Y para las acciones intencionales, necesitamos pensamientos intencionales. No podemos esperar acciones asertivas de personas cuyos pensamientos no están claros sobre hacia dónde se dirigen. Nuestros pensamientos son los conductores de nuestra vida en la medida en que de ellos parte la motricidad de nuestras acciones.

La búsqueda del cambio comienza con el autoanálisis. Cuando una persona se vuelve hacia adentro y busca comprender si hay algo malo en él, tiene la oportunidad de encontrar las raíces de lo que le ha hecho daño. Encontrar los errores buscará una solución, una solución para ellos. Es necesario buscar en profundidad, porque en la gran mayoría de situaciones lo que buscas está en tu subconsciente.

Una persona solo encontrará lo que le impide avanzar si busca en su interior, porque la cerradura que te retiene no está afuera sino adentro. Es similar a la historia del elefante atrapado en el árbol de lechugas. Él cree que la lechuga lo sostiene, ya que estuvo condicionado a esto desde niño. Afloje las correas.

12

LA MENTE COMO PUNTO DE PARTIDA

Hay tres divisiones en la mente humana. El consciente, el subconsciente y el inconsciente. La primera es la parte accesible en cualquier momento, es la parte pensante del cerebro. Ella trabaja con algunos patrones predefinidos e identifica en base a eso si algo es bueno o malo para la persona.

El segundo es el subconsciente donde están nuestros recuerdos que nos traen creencias. Lo que crees en tu vida está ahí. Si crees que algo bueno o malo puede pasar en tu vida, es el subconsciente el que lo controla en base al significado que le has dado a tus experiencias pasadas. Las decisiones que toma, incluso si son involuntarias, también se basan en ella. El subconsciente no es racional. Atribuirá cualquier información que ingrese e impregne en ella, tanto positiva como negativa, como verdadera. El acceso al subconsciente es más fácil cuando estamos en estados de ondas cerebrales más lentos. Es en este punto que podemos insertar información y sugerencias. Los períodos para esto son los momentos antes de acostarse y justo después de despertarse y durante la meditación.

Hay decisiones que aparentemente son tomadas por la mente consciente, pero de hecho fueron tomadas por el subconsciente. Los especialistas en marketing utilizan este conocimiento para tomar decisiones basadas en formas, colores y estrategias de atractivo llamadas desencadenantes mentales. Muchas veces no quisiste comprar un artículo determinado, pero terminaste comprándolo, lamentándote más tarde y sin saber por qué lo hiciste. No se engañe. El anuncio accedió a su subconsciente y tomó la decisión por usted.

El inconsciente, a su vez, es la parte de la mente que actúa como mecanismo protector. El inconsciente almacena archivos con recuerdos emocionales y sinestésicos como caminar. Una vez aprendido, ya no necesitamos pensar para hacerlo. Algunas experiencias son traumáticas y obstaculizarían nuestro desarrollo si estuvieran libres en la mente y por lo tanto allí se reprimieran. Es un lugar de difícil acceso para la mente consciente.

Para que podamos trabajar con la parte más profunda de nuestra mente, es necesario que accedamos al subconsciente, porque hace la comunicación entre la mente consciente y la inconsciente. Además, el hecho de que las creencias estén ubicadas en el subconsciente lo convierte en el lugar ideal para atacar cuando queremos replantear algún recuerdo traumático. La mente aprende y se modela a sí misma a medida que practicamos algún patrón de pensamiento. Si siempre piensas en cosas negativas y lo haces de manera consistente, el subconsciente comienza a aceptar eso como algo real, porque no juzga si es fantasía o realidad, siendo altamente influenciado y absorbiendo la información como si fuera verdad. Por el contrario, si trabajas tu mente para pensar en cosas positivas y productivas, tu cerebro entenderá que es lo que estás deseando y esperando en la vida.

Empiece a cuidar sus pensamientos. Piensa en paz, prosperidad, salud. No pienses en cosas incorrectas para que tu mente subconsciente las acepte. Ten pensamientos productivos. Piense en usted mismo con adjetivos positivos. Esto marcará una gran diferencia en la conducta de su vida en el futuro. Una mente que se autosabota no lo hace con malas intenciones, porque como ya hemos dicho, no lo juzga. Lo hace porque conscientemente plantamos pensamientos destructivos en nosotros mismos.

Imagina un terreno fértil pero vacío. No hay plantas por el momento. Y eres dueño de esa tierra y tienes la oportunidad de plantar lo que quieras. Tienes varios tipos de semillas en tus manos. Semillas de todo tipo y ya sabes cuáles son las más productivas, y qué frutos van a producir. Y tendrás que elegir cuáles sembrar. Ten en cuenta que lo que siembres será tu cosecha a su debido tiempo. Tenga en cuenta que si planta manzanas, no cosechará plátanos después.

La sabiduría está en elegir las semillas que plantarás, porque despúes no habrá sorpresas. Tienes que plantar la semilla elegida sabiendo que producirá y dará fruto en lo que ya estaba dentro.

También nuestra mente. Es una tierra lista para plantar y las semillas son los pensamientos que tenemos todo el tiempo. Si tienes pensamientos de derrota, destrucción, estas son las semillas que se sembrarán en la tierra de la mente. Y créeme. Darán fruto. Y los frutos no son nada agradables. Muchas veces ya estás en este ciclo, pero es posible cambiar. Y el cambio depende solo de ti. Solo quiero. Reflexione sobre su vida y los pensamientos que ha plantado en su mente.

13

LA BUENA SEMILLA

Elegir la semilla adecuada para plantar es el secreto que usa el agricultor experimentado para comenzar su cosecha. Sí, la cosecha comienza con la elección de semillas. La semilla es la base de la cosecha. La semilla es el principio. De nada le sirve al agricultor tener la tierra fértil y todos los insumos capaces de expandir su producción agrícola si no aplica las mejores semillas disponibles en la tierra. La buena semilla es fundamental para que los frutos sean los mejores posibles. Luego están las cosas como el sol, el agua, los fertilizantes. Pero la elección de la semilla es lo principal en todo esto.

Nuestra mente, como ya hemos dicho, es ese terreno fértil donde se plantará la semilla. Es necesario que solo se siembren semillas productivas, semillas de buenos pensamientos, porque independientemente de la calidad de la semilla, esta germinará y con el tiempo dará su fruto. Elija buenos pensamientos.

Alguien acostumbrado a quejarse de la vida y a pensar solo en pensamientos derrotistas puede juzgar la práctica de buenos pensamientos como una tontería. Pero aquí es exactamente donde se encuentra la diferencia en el resultado final. Tu mente te prepara para realizar las acciones que te traerán los resultados que buscas. Si solo piensas en fallar, perder, perder, temer, situaciones difíciles y negatividad, tu mente te ayudará con eso y creará todo tipo de escenarios y posibilidades para que triunfes en tu deseo. Sí.

Para tu mente, tus pensamientos reflejan tu deseo, sin importar si son para bien o para mal.

Y esa es la razón por la que muchas personas no pueden moverse. Un pensamiento genera un sentimiento, que a su vez genera la acción que conducirá a un resultado. Este resultado es íntimo con lo que piensas. Presta atención a eso. Los resultados que tiene en su vida son íntimos con los pensamientos que tiene. Si tus resultados son nulos o negativos, seguramente tu volumen de pensamientos tiende hacia lo negativo. Puedes prestar atención a eso. Piense un poco y recuerde qué tipo de pensamientos ha estado teniendo. Vea si no ha saboteado su vida usted mismo a través de sus pensamientos.

Una buena medida para esto es que recuerde lo que piensa cada vez que comience a planificar o tener la intención de algo. Recuerde qué pensamientos pone en su mente cuando piensa en las acciones que va a realizar. Revise los pensamientos que tenga cuando piense en el resultado. Muchas personas, en cuanto comienzan a planificar, ya piensan sin querer: "esto no funcionará", "no funcionará", "no irá a ninguna parte". Sin darte cuenta de que mataron tu sueño. Contaminaron los proyectos con un elemento nocivo que impedirá su crecimiento. Esto suena loco, pero así es exactamente como comienza el fracaso del proyecto.

Y, por lo general, la persona ni siquiera se da cuenta de que lo que pensó influyó en sus resultados. Cuando planeas hacer algo, pero tu mente ya está contaminada con pensamientos negativos de fracaso, tu cerebro comprende que no quieres eso para ti. Entonces dejará de realizar sus tareas necesarias y no podrá hacer lo que necesita para llegar al lugar que desea. Esto es muy común. Esto es tan común que se hace de forma instintiva e incluso colectiva.

Cuando estás conectado con mentes maestras negativas tu cerebro valida su carga de pensamiento negativo, porque todo el tiempo está recibiendo estímulos externos que corroboran el pensamiento negativo que ya está instalado en él. Y esto hace que se potencie la energía negativa. Es un círculo vicioso de malos pensamientos y negativismo. La vida es difícil, nada intentas conseguir, porque por defecto, no tiene sentido hacer nada, porque el resultado siempre será negativo. Y este factor está siendo validado por otros en su ciclo. Y el sistema funciona así para todos. Todos ellos derrotistas, adictos a las quejas y sin resultado. Siempre dependiendo de un factor externo que desde tu punto de vista podría cambiar tu vida, pero no es así. Viven con la estática esperanza de que la vida mejore, pero no depende de ellos para eso. Dependen de algo que les viene de fuera para que les dé felicidad y dinero. Y como no reciben, se necesitan más quejas a modo de arrebato, para equilibrar la presión interna de sus vidas sin resultado.

Quién de nosotros nunca ha estado cerca de una persona que siempre se queja de todo. Nada está bueno o satisfactorio Nunca están contentos con lo que tienen o con lo que reciben. Es esa metáfora sobre la hierba del vecino que siempre es más verde que la tuya. En esto se basa su pensamiento. En el que el otro tenía un don y ellos no. Vivir o convivir con personas con este pensamiento es muy malo. Te sientes incómodo con esto y terminas sin acción, sin poder hacer nada. Intentas hablar con la persona al respecto, pero se llama molesto (qué ironía). Y lo peor, cuando esto pasa por mucho tiempo, terminas contaminándote y te empiezas a quejar también porque empiezas a pensar que es algo común y natural en la vida. Un día escuché que quejarse es volver a clamar por la vida para que te traiga más de lo que no quieres. De hecho, mirando la etimología de la palabra, el prefijo "re" intensifica la acción en el sentido de que indica su repetición. La queja realmente se convierte en una adicción porque cuanto más te quejas más tienes la impresión de que estás resolviendo el problema, pero en realidad solo estás reafirmando esta situación verbalizando y recordando que está en efecto. Hay personas que hacen esto a diario y ni siquiera se dan cuenta porque ya se ha consolidado en la mente.

En contraste con esto, cuando cultivas la práctica de pensamientos buenos, positivos y productivos, tu mente da un giro en esa situación, transformándose en un huerto de árboles frutales variados y coloridos. La práctica de los buenos pensamientos consiste en plantar semillas saludables y deseables con frutos agradables a su debido tiempo.

Ninguno de nosotros quiere el mal para nosotros, pero hay un patrón de pensamientos que aprendemos, en el entorno social, o dentro de nosotros mismos debido a algunos bloqueos emocionales que nos hacen pensar eso y nos hacen daño.

14

¿CÓMO PLANTAR SEMILLAS NUEVAS?

Durante el día pasa a través de nosotros diversa información. Y los absorbemos, procesamos e interpretamos según nuestros filtros internos, haciendo que esa información se adapte a nuestra realidad para bien o para mal. En comparación con el sistema digestivo, es como masticar la comida para facilitar la deglución. Lo mismo ocurre con la mente. Tus cinco sentidos están en contacto con la información y estos son procesados por la mente en base a experiencias ya vividas. Es por eso que a la gran mayoría de las personas les resulta difícil procesar o aceptar nueva información y conceptos.

Las semillas del pensamiento están listas para ser plantadas y la mejor manera de hacerlo es enfocarse en lo que la mente quiere absorber. Si controlas tus pensamientos y actúas cada vez que un pensamiento mediocre ataca tu mente, podrás cambiar el patrón de funcionamiento de tu cerebro. Comienzas a instalar nuevos controladores mentales, preparando archivos a los que se accederá cada vez que tu cerebro necesite resolver algo. Esta es una reprogramación mental. Pones nuevos archivos a disposición del cerebro, enfocados en el éxito, en la victoria. Le proporcionas nuevas perspectivas para interpretar los hechos de una manera más positiva. Esto asegurará que las respuestas automáticas siempre estén enfocadas en la positividad, dejando de lado la negatividad del pasado.

¿Pero cómo haces eso? ¿Cómo instalar estos controladores si son horarios profundos? ¿Cómo reiniciar tu cerebro para instalar nuevos programas? Esta reprogramación se instala mejor si aprovecha los momentos previos y posteriores al sueño, que son los mejores momentos para acceder al subconsciente. El pensamiento que se llevó a la cama antes de irse a dormir es el mismo pensamiento que estará con usted cuando se despierte. Es por eso que las personas que tienen pensamientos fijos sobre cosas malas, vuelven a despertar con eso en la mente y piensan que es natural, y sin darse cuenta aplican cosas negativas en sus vidas que producen resultados que no quieren.

Cuando te acuestes, empieza con pensamientos de paz, de victoria, piensa en las cosas que están clasificadas como buenas para ti. Comienza con estas cosas fáciles porque tu cerebro dudará de ti e intentará poner imágenes y situaciones negativas que solían ser el patrón para ello. Así que tenga el coraje y la fuerza de voluntad para enfrentarlo y cambie a las imágenes y la imaginación que desea instalar. Aprovecha esa relajación inicial del sueño para acceder a tu subconsciente y verlo como una tierra fértil y tú como el sembrador, con un puñado de semillas buenas y bien elegidas en tus manos. Empiece a plantar bien sus pensamientos, asegurándose de que germinen. Tu mente recibirá estas semillas tal como la tierra recibe de las manos del agricultor. Se mantienen ahí. Tu mente se encargará de cuidar las semillas, siempre que las riegues en otros momentos.

Al despertar, su mente pronto liberará ese pensamiento que estaba activo cuando se quedó dormido, y aquí es donde comienza su trabajo de reprogramación. Levántate de la cama con ese buen pensamiento. No plantes temprano esa preocupación con el horario, con las tareas que tendrás que realizar durante el día. Aprovecha este momento para estar en paz contigo. Muy difícil al principio, pero no imposible. Encuentre un lugar tranquilo en su casa o en su propia habitación y comience diciendo una oración de agradecimiento. Agradezca lo que tuvo ayer y también lo que aún tendrá. El ejercicio de la gratitud traerá maravillosos beneficios. La práctica de la gratitud produce en el hipotálamo una hormona llamada oxitocina. La oxitocina es la llamada hormona del afecto, porque entre varios otros estímulos inicia un proceso que aporta tranquilidad, reduce la ansiedad, el miedo, la fobia. Es la hormona de la paz interior.

Además, otra hormona producida por el cerebro que se activa con la práctica de la gratitud es la dopamina. Esta hormona aumenta el nivel de placer del cuerpo. Las personas que expresan gratitud tienen mayores niveles de positividad, están más satisfechas incluso con poco, estimula la vitalidad. El optimismo también impregna la vida de los agradecidos.

Así comienza el ciclo virtuoso de la reprogramación mental. Das un primer paso, tu mente juega un papel importante y tu cerebro permanece en cadencia, contribuyendo a sus productos hormonales, ligados al placer. No hay forma de equivocarse, porque llegas al final del día con menos carga negativa que el día anterior. Y luego entra en acción nuevamente, reiniciando este ciclo antes de irse a dormir.

Aplicando esta técnica de reprogramación de pensamientos, la persona ya sentirá una cierta mejoría, pues en ese intervalo entre antes de dormirse y despertarse, aunque la persona no se dé cuenta, el cerebro sigue trabajando y tratando de encontrar la lógica en lo que está. Pensó y declaró positivamente. La mente subconsciente también está activa todo el tiempo desentrañando esas nuevas declaraciones positivas, pero sin emitir juicios sobre si son verdaderas o falsas, sino almacenándolas para su uso posterior.

Unos días de hacer este trabajo de pensar y declarar afirmaciones positivas prepararán su mente para reaccionar positivamente a las cosas que le suceden a lo largo del día. La mente tiene poderes increíbles si se usa bien. Puede reprogramar su cerebro si está dispuesto a utilizar el poder del pensamiento positivo y la gratitud.

Muchos se vuelven escépticos sobre este tema, ya que creen que es mera fantasía o imaginación. Y es precisamente este hecho, porque la imaginación es cosa de la mente creativa humana.

15

LA IMPORTANCIA DE LA DECISIÓN.

En la vida siempre tenemos varias opciones. Por mucho que algunos piensen o afirmen no tener oportunidades o que sus oportunidades no son tan buenas como las de sus vecinos, todos lo hacemos. El problema es que muchos no pueden ver esto. Muchos están tan ocupados pensando sólo en sus problemas que no se dan cuenta de que están perdiendo varias buenas oportunidades de lograr lo que quieren. Reflexiona bien sobre los días de tu vida. Recordarás que hubo algún hecho o evento que en el momento del evento no pensaste bien en qué hacer, pero que si tuvieras la oportunidad de retroceder en el tiempo, habrías elegido o hecho algo diferente.

En el momento en que ocurra, nunca sabremos el resultado, a menos que tomemos medidas. No hacer nada ya es una decisión tomada. Es la decisión de la inercia. Sin embargo, lo que mucha gente no entiende es que la inercia ya tiene su resultado programado. Si no hace nada, nada sucederá de manera diferente. La respuesta a la inercia es el resultado común que ya ha sucedido en su vida. Y ya sabes que no es bueno.

En contraste con esto, puede usar el poder de decisión. Si decides hacer algo ante un desafío, no sabes qué pasará en el futuro, pero eso es lo que nos ofrece la vida. La incertidumbre de lo que se avecina, pero el futuro que te propones puede estar ahí detrás de la puerta que has decidido no abrir. Tu premio tan esperado seguramente será después de esa escalera que no quisiste subir, o después de la montaña que no subiste.

Los obstáculos siempre llegan a nuestras vidas como una prueba. Si no estás dispuesto a vencerlos, o incluso si no intentas hacer algo para evitarlos, ciertamente no llegarás a ninguna parte. Ciertamente no podrás lograr lo que pensabas. Hay momentos en los que incluso con la planificación, con un plan, no tomamos las decisiones necesarias para llegar a la siguiente etapa. Tenemos la mente en el objetivo, pero sucede algo y no podemos avanzar. Nuestro poder de decisión es la clave que tenemos para resolver esto.

Para una vida productiva tenemos que aprender a tomar decisiones. Incluso si son decisiones equivocadas, tenemos que aprender a tomarlas. Nadie avanzará si no decide. El poder de decisión es algo maravilloso, porque tiene el poder de sacarnos del estado de inercia y llevarnos al siguiente paso. **Sin una decisión no pasa nada**.

Pero ten en cuenta que no es tan fácil. Cada decisión que tomas siempre deja algo atrás. Tienes que estar preparado para perder. Cada elección trae una exención. Y es por eso que a algunas personas les resulta tan difícil elegir algo. ¿Alguna vez has estado con una persona que no puede decidirse? Esta persona no sabe, no ha aprendido a tomar sus propias decisiones. Por eso no experimentó la magia de lograr resultados.

Ciertamente se ha acostumbrado a recibir lo que se le da, sin hacer preguntas. No se le dio la oportunidad de elegir para aprender a decidir.

Los niños deben ser entrenados para tomar decisiones. Por mucho que necesiten la seguridad que brindan las decisiones de los padres, en cosas simples pueden perfectamente tomar una decisión. Sobre la elección de un juguete, sobre el sabor de un helado, sobre algún entretenimiento. Entonces entenderán que al elegir uno, el otro se quedará atrás. Si ganan uno, perderán el otro. Y será natural para ellos en el futuro. Esto será importante para que no sean adultos indecisos. Tomar estas pequeñas decisiones, que son algo difíciles para su nivel de cognición, será fundamental para la formación del carácter y, por lo tanto, tomará mejores decisiones con el tiempo. Y luego será incluso interesante para ellos, ya que sabrán que siempre tienen una opción. Comprenderán que hay una salida, ya que pueden hacer una opción diferente.

Si no programa su cerebro para tomar decisiones lógicas, estará a merced de decisiones basadas en la programación ya instalada en él por nuestro ADN. Y cualquiera que entienda esto puede manipularte como quiera. Ya hablamos de esto cuando mencionamos los disparadores mentales, que influyen en nuestras decisiones con colores, formas, atractivos de todo tipo. Si no decide basándose en su voluntad, ellos decidirán por usted. En la vida haremos varias elecciones. Algunas decisiones son más importantes o más serias que otras. Pero asegúrese siempre de que la decisión que tome hoy influirá en su vida en el futuro, así que tenga cuidado.

Pero, ¿cómo puedo entrenar una buena decisión si no se me ha permitido decidir hasta hoy?

Toma decisiones rápidas. Cuando llegue a una encrucijada, tome una decisión. Toma la primera decisión que se te ocurra. Decide sin elegir. Sin duda, puede ser la decisión más equivocada que haya tomado. Y puede sufrir las consecuencias por eso. **Pero encenderá una luz de advertencia en tu cerebro**, y cada vez que necesites tomar una decisión será más rápido y te ayudará a tomar decisiones cada vez más correctas para evitar que vuelvas a tomar la peor decisión.

Las personas exitosas toman decisiones rápidas. Tomar decisiones rápidas evita perder oportunidades. Permanecen más tiempo también en esa opción que eligieron, es decir, persisten más tiempo. Por el contrario, el fracaso está cerca de las personas que se toman el tiempo para tomar decisiones y cambiarlas con facilidad, sin mantener la constancia en sus acciones.

La práctica de tomar decisiones te acercará más a tu objetivo. Decide algo importante hoy. Decide no quedarte quieto. Decide ganar.

16

NO VUELVAS

Cada cambio genera incomodidad. Todo cambio requiere un gasto de energía. Y para cada cambio, debe haber disposición. Sin eso, no podríamos salir de lugar. Pero ahora ya estamos avanzando en la dirección correcta y sabemos que debemos continuar. Miro al objetivo y me fuerzo a llegar allí. Sí, queremos llegar allí.

Pero surge ese desánimo. Aunque tenemos un sentimiento de satisfacción por los pequeños cambios y los primeros resultados, todavía queda esa voz que todavía dice: "¿Funcionará?" Ahora no es el momento para esto. Esta voz debe ser ignorada y reprimida. Desde que lo activó, debe despertarse y comprender que no hay vuelta atrás. Una vez que hayas puesto un pie en el camino y estés listo para completar una tarea, debemos olvidar esa voz obstinada que no quiere dejarnos ir. De lo contrario, volveremos a la infame zona de confort. A ella le gustamos. Él no quiere perdernos y siempre nos enviará mensajes para permanecer en él, volver a entrar. Sin mirar atrás.

En el tráfico, el espejo retrovisor es muy importante, ya que está ahí como un ojo trasero que nos informa visualmente de la situación de lo que pasó o de lo que viene detrás. Bien utilizado, evita accidentes y favorece un viaje tranquilo. Pero en la vida no hay forma de mirar por el espejo retrovisor. Lo que sucedió quedó en el pasado y puede ser revisado, pero no fijado a nuestros ojos. No podemos mantener la vista en la parte posterior de la vida porque te obligará a ser más lento en tus acciones. Ahí es cuando no te hace detenerte. Mirar el pasado también puede hacer que quieras quedarte atrapado en él, ya sea algo bueno en ese momento o algo malo y traumático.

La vida debe vivirse en su propio tiempo, con la mirada puesta en el futuro y no en el pasado, porque es en cada momento donde se vive. **Cada paso que se da es la construcción del camino**. No se vive al revés. Damos un paso, vivimos el momento y miramos hacia el futuro.

No puedes mirar atrás todo el tiempo porque de lo contrario te tropiezas. Si pudieras volver atrás para arreglar algo mal o perfeccionar algo bien, sí, podría valer la pena. Pero volver solo para estar allí y quedarse quieto no paga. Estarás saboteando tus proyectos, tu presente y tu futuro. El momento de actuar es ahora. El pasado conocido como lo vemos ya no te transformará, porque lo que tenía que entregar, ya lo ha entregado. Él es lo que nos trajo aquí. Él es lo que nos formó para estar en el ahora. Pero ya no actuará en nuestra vida. Solo será una carga si concentramos nuestros pensamientos en ello. Traerá angustia por lo que no vivimos, por lo que no logramos por el miedo, la timidez o la vanidad. No tendrás buen fruto,

No regreses.

Las dudas que surjan en el futuro se resolverán a su debido tiempo. Las incertidumbres se probarán a su debido tiempo. Tenemos la capacidad de modificar nuestra realidad a partir del ahora. Debemos ser conscientes de esto, ya que no podemos caminar con el pasado detrás de nosotros. Metafóricamente, debemos dejar el pasado a un lado. Al lado porque ya no nos importa. Detrás de nosotros debe estar nuestro propósito, nuestra misión. Y el frente es nuestro objetivo. Nuestro propósito debe estar atrás para impulsarnos hacia adelante. Para activarnos todos los días. Si el pasado quedó atrás, ¿cómo nos impulsará hacia adelante? Cómo nos va a hacer avanzar, si de hecho nos va a jalar hacia atrás, porque él se quedó atrás.

Si el propósito está fuera de discusión, en lugar de motivarnos a seguir adelante, estará esperando que caminemos, pero con el pasado retrocediendo difícilmente seremos capaces de seguir.

17

EL TERMÓMETRO

Un termómetro es un dispositivo que se utiliza para medir la temperatura o su variación. Puede medir la temperatura corporal, el medio ambiente y las cosas, la comida, el equipo de acuerdo con su propósito. Estos son los fundamentos. La mayoría de las personas conocen la función de un termómetro y lo han usado en algún momento de sus vidas. Pero lo que mucha gente no sabe es que también podemos ser como termómetros.

Actuamos como un termómetro cuando medimos la temperatura de una situación para ver si seremos capaces de afrontarla o huir de ella.

Cuando medimos la temperatura de una situación, en realidad estamos observando la condición impuesta. La temperatura de un lugar es parte del componente de un ambiente y esto puede ser determinante para algunos, ya que puede ser muy caliente o muy frío. A esto estamos expuestos en todo momento, ya que una nueva situación se presenta en todo momento y nuestro termómetro estará listo para medirlo y hacer los cálculos necesarios para entender esta situación y actuar o no.

Con cada nueva situación que surge el cerebro está ahí condicionándote a ser un termómetro para saber si eso será para ti o no. Y la mayoría de las veces, la voz de mando que te da es la de no avanzar. Incluso si el progreso es para su éxito, el termómetro estará allí diciendo que la situación no es favorable. Incluso porque el éxito no es gratis, requiere esfuerzo y por esta razón para el cerebro, la situación puede no ser favorable para ti.

Al ser un termómetro la persona estará sometida a lo que el entorno le depara. Si es agradable, se quedará, pero si la situación no es favorable, abandonará lo que está haciendo.

Por eso también existe otro dispositivo relacionado con la temperatura y que es el mejor para la persona que está dispuesta a ganar: el termostato.

El termostato no es más que un dispositivo que regula la temperatura de equipos como refrigeradores, congeladores y planchas. Es el termostato el que garantiza que la temperatura siempre será favorable al fin al que está destinado el aparato. El termostato evita que la temperatura de un dispositivo en particular varíe más allá de lo predeterminado.

Una persona-termostato lo hace bien en cualquier situación. A esa persona no le importa si la situación es demasiado "fría" o demasiado "caliente". Ella está ahí para controlar. Él está ahí para hacer que la situación sea favorable para ella y sus seres queridos. El termostato actuará a favor de su objetivo, poniendo el medio ambiente al servicio del mismo. No te desanimes cuando llegue la adversidad, pues ves en ellos los puentes necesarios para llegar al objetivo deseado. Construye con ellos las cosas que necesitas para superar los obstáculos. Y por eso la condición no es importante para ella. La condición es moderada y tendrá que ser moldeada para servirle a quienes la dominan.

La persona-termostato tendrá activada su moral para no perderse durante los procesos que lo llevarán al lugar deseado, pues no estarán sujetos a la temperatura del ambiente. Regulará esta temperatura de una manera que no le importe lo que venga, pero siempre tratando de estar preparado y mejor de lo que se enfrentará.

Seamos termostatos. Ajustaremos la temperatura del lugar según nuestra decisión de trabajo. Seamos ganadores.

18

CONDICIÓN X DECISIÓN

La condición es el pasado. ¡La decisión es el futuro!

La condición es algo impuesto y mucha gente vive por ello. En la vida de una persona ya se ha impuesto la condición. Es el medio ambiente, es aquello que no se puede controlar porque está ahí como algo absoluto y que es inherente al lugar o al tiempo en que se vive. Es la condición económica la que aflige o favorece. Es la condición física corporal.

Las personas que viven determinadas por la condición, por lo general no pueden lograr lo que quieren, porque ven el entorno como su oponente, al que habrá que vencer a la fuerza y subyugar para poder dar un paso más. Y este entorno ciertamente se ve como algo más fuerte e imposible de superar. La condición se ve como un enemigo. Has visto a mucha gente quejarse de esto, de que nacieron con falta o escasez de recursos económicos, con falta de suerte. Esto determina tu vida.

La decisión a su vez no depende de la situación. Es algo que se puede resolver. Es algo que la persona puede entender y sabe que cambiará su estado actual. La decisión, sea la que sea, sacará al sujeto del estado de inercia o lo convertirá de un camino a otro. Decidir hace que la persona no se someta a la condición o situación. Ella es quien determina lo que hará basándose en su propia voluntad.

La decisión es prueba de la libertad de una persona. La gente libre decide. Las personas libres no se vuelven esclavas de la condición. Decidir es la clave para abrir los grilletes de la situación considerada mala. Cuando el sujeto decide deshacerse de un problema, es como si le estuviera diciendo que es muy pequeño en vista de la motivación de esa persona. Las personas decididas experimentan un poder increíble, ya que pueden hacerse cargo de su vida, independientemente de la condición a la que hayan sido sometidas. La decisión es una revuelta contra el absolutismo de la condición.

Vivimos en un mundo donde las personas no toman una decisión y, por lo tanto, son incapaces de resolver los problemas más básicos que se les presentan. Y esto parece un juego arquitectónico, porque sin decidir el rumbo de sus vidas, las personas se vuelven como marionetas manipuladas por la condición. Parecen estar atrapados en un laberinto, donde al llegar a un lugar que parece ser la puerta de salida, no es más que un siguiente corredor que conduce al mismo ciclo de perdición.

Desde el momento en que tomamos conciencia de nuestra propia vida, tenemos la oportunidad de salir de este ciclo. Tenemos la oportunidad de ser los conductores de nuestro destino, sin someternos a ninguna condición o situación.

La situación es el momento vivido. El estado situacional es aquel en el que está sujeto a la condición. Por lo general, no te favorece. Normalmente te quejarás de la situación porque la ves como un enemigo, algo que viene a ponerte a prueba y en la mente de muchos para vencerte y evitar que te vayas de tu lugar. La situación es en realidad un elemento de la realidad que es neutral, pero dependiendo de cómo veas la vida, tiene un sesgo enemigo.

Ganas la situación cuando usas la decisión para enfrentar lo que se presenta. Cuando dejas que la condición expire, aceptas lo que se te ha impuesto. Cuál eliges?

19

DESCARGANDO LAS MALETAS

A medida que avanzamos en el viaje de la vida, se agrega equipaje nuevo y se dejan otros. Esto es natural porque el tiempo de aprendizaje y la experiencia requieren que seamos generosos con nosotros mismos. Muy bien en teoría. Pero en la práctica lo que pasa es que muchas personas no avanzan porque llevan un equipaje demasiado pesado y no lo sueltan por nada.

Piense en una persona en una estación de autobuses o en un aeropuerto con unas cinco maletas de distintos tamaños y dos mochilas, una colgada en la parte delantera y otra en la parte trasera. Entonces, esta es la imagen de muchas personas que caminan por el camino de la vida. Llevan tanto bagaje del pasado, tantos dolores, tanto resentimiento de determinadas personas o situaciones ya vividas, que no les queda espacio para llevar nada más. A veces, todavía se detienen a recoger una bolsa que se ha caído e insisten en llevarla con ellos, o vuelven a la vida para recoger una bolsa que se ha quedado atrás. Vuelven atrás en la vida, dan un paso atrás, porque retroceder en el tiempo todavía es imposible. La vida siempre trae cosas buenas, pero estas personas no están de humor ni de atención para cosas así, reservándose para absorber solo la parte mala de todo lo que se les presenta.

La mente de estas personas se ha acostumbrado a recibir solo la carga negativa, en función del equipaje que lleva la persona. Estos equipajes son los horarios que se han instalado en él. Las maletas se asignan en su cerebro para que siempre se activen y se abran según sea necesario. Y de ellos puede salir cualquier tipo de cosa, especialmente cosas que no cuadran, en este caso. No podemos evitar darnos cuenta de que cuanto más negativo es el pensamiento de una persona, más negativos son sus resultados, así como más cosas negativas atraen a su vida.

Nótese que antes se dijo que la presunta persona no tiene más espacio ni medios para llevar más equipaje, pues ya está lleno, pero en este caso, la negatividad atrae más negatividad y funciona como un imán. Está siendo atracado, unido con otras maletas que se están transportando. Esto no tiene fin si la persona no tiene la intención de poner fin a esta situación. Imagínese a una persona que vive ochenta o noventa años y no deja maletas. Imagínese el peso y la molestia de llevar tanto equipaje en la espalda, en las manos. Es mucho para una persona. No llevas tanto.

Una vez, cuando todavía estaba en mi primera universidad, estábamos en una excursión y aterrizamos en nuestra primera parada para estudiar. Así que bajábamos todos con nuestras mochilas de viaje a la espalda y luego un colega va al maletero del autobús y saca una, dos, tres, cuatro maletas, aparte de la maleta. Y no podía llevárselo todo, entonces el maestro, que ya tenía más experiencia en esta área, pues había viajado prácticamente por todo el mundo, dijo lo siguiente: En esta vida tenemos que llevar lo que podamos. De momento todos nos reímos, y ayudamos a la niña a cargarlo. Pero hoy me doy cuenta de que había mucha verdad en esa frase que dijo la maestra.

No puedes aventurarte en la vida llevando demasiado equipaje, demasiada maleta. Sobre todo si es negativo, porque la vida puede traer sorpresas, paradas, cambios de ruta, devoluciones y regalos. ¿Y cómo te comportarás ante cualquier situación si no estás preparado para llevarte tus cosas? ¿Te imaginas ganar regalos y no poder recibirlos porque tus manos están demasiado ocupadas con el pasado y tus maletas no tienen más espacio? Piensa en lo que harías si ya estuvieras cansado de caminar por el peso del equipaje y tuvieras que hacer una corrección en tu ruta, o seguir un nuevo camino de oportunidades que se te abriera. Esto tiene que evaluarse. No debes llevarte todo ese equipaje, de lo contrario vivirás como un animal de carga. Siempre atascado, nunca pudiendo correr o pastar donde quieras, pero siempre conducido a merced del conductor.

Suelta esas cargas. No naciste para esto.
Nacido para la libertad.

20

RE-SIGNIFICANDO EL PASADO

Si bien hemos dicho que el pasado ya no importa porque fue dejado de lado, sí tiene cierta importancia, ya que es donde están los lazos que sostienen nuestra vida en el presente. En el pasado son las situaciones que generaban los traumas que tanto dificultan el normal desarrollo de la vida de una persona. Las malas influencias y experiencias que hacen que la vida de una persona sea más pesada y más difícil de vivir.

Muchas personas viven con la mirada puesta en el retrovisor de la vida, temerosos de que una mala experiencia ya vivida regrese y la asfixie nuevamente, sin comprender que el simple hecho de mirar al retrovisor ya es revivir ese pasado que quieres olvidar. Cada vez que miramos al pasado con sus traumas, evitamos que nuestros pies estén totalmente en el presente. El cerebro también reconoce este fallo y vuelve a la vida, aunque sea inconsciente, la experiencia que pasó. Y esta experiencia sigue influyendo negativamente en nuestras acciones, toma de decisiones y, en consecuencia, en nuestros resultados.

¿Cuántas veces no te has preguntado por qué no puedes resolver un problema así, por qué no puedes hablar en público, por qué no puedes acercarte fácilmente a otras personas, especialmente a aquellas que serían importantes para una nueva etapa de tu vida? Estas son algunas preguntas que se pueden plantear y que están íntimamente ligadas a bloqueos emocionales provocados por malas experiencias en el pasado. Sobre todo en la infancia y la adolescencia temprana, que son momentos en los que aún somos incapaces de interpretar correctamente las situaciones por las que atravesamos.

Aunque se supone que la mayoría de las situaciones malas han sido realmente malas, algunas experiencias pueden no haber sido así, pero debido al bajo nivel de desarrollo cognitivo en la infancia, la situación que generó el trauma puede haber sido malinterpretada y adquirido un significado que no correspondía. realidad. ¡Y ahí está! Un bloqueo emocional instalado. Esto me recordó a Pedro quien, dando una clase sobre perfiles de personalidad, ejemplificó que a los cuatro años tuvo una experiencia que marcó su desarrollo. Su padre era camionero y en un momento tuvo que hacer un viaje desde el sur de

Brasil a un estado del norte. Un viaje así tardaría unos cuatro meses entonces. Él por el momento no entendió el significado de este viaje e interpretó que su padre estaría abandonando a la familia, abandonándolo a él para lograr algo. El pequeño entendió que lo estaban privando de la presencia de su padre porque el padre tenía que realizar una determinada tarea. Y esto, aunque olvidado, lo influenció a lo largo de su vida para ser una persona que tenía que hacer cosas, rendir, sentirse bien y a gusto.

La vida nos muestra que cuando pasamos por la infancia tenemos varias de estas situaciones que ya sea real o generado por un error de interpretación, nos hacen instalar ciertos bloqueos emocionales, que ni siquiera entendemos que tenemos, pero que a su vez nos generan incalculables. pérdidas para nuestro desarrollo. Y esta es la razón por la que muchos no logran lo que se proponen, ya sea por timidez exagerada o por dificultad para abordar un tema determinado. Los medios que utilizamos para responder a los estímulos a los que estamos sujetos están determinados por nuestra percepción de ellos y las respuestas preprogramadas en nuestro cerebro.

Lo que nos pasó en el pasado no se puede cambiar. Pero una cosa tiene una solución para el cambio: la forma en que interpretamos y reorganizamos tales eventos. El primer paso es aceptar lo sucedido. Hacer las paces con tu pasado es un remedio que debes tomar. Vivir en conflicto, en guerra con tu pasado no contribuirá a repararlo. Es tu elección. Hacer positivas las situaciones adversas es difícil, pero es solo cuestión de mirar las cosas desde otra perspectiva, otra mirada. Y nada facilita más que observar desde una perspectiva externa. La situación la viviste en un momento determinado, muchas veces en las que ni siquiera eras consciente de los hechos que te ocurrieron, como los traumas surgidos de la niñez. Pero sabes que están ahí en el pasado. Revise ese pasado con los ojos de un adulto. Revisa esas escenas, esos momentos, siente los olores y sabores para entrar en tu pasado. Pero esta vez como un adulto consciente.

Transportado mentalmente al pasado, visita el lugar donde ocurrió una determinada situación adversa y toma el lugar de ese niño. Toma su lugar. Mentalmente serás tú esta vez, adulto. No tengas miedo. Esta vez reaccionarás. Puede dejar fluir un poco de ira para tener la fuerza para reaccionar. Grita ante la situación, cuéntale tus sentimientos actuales. Llámala cobarde. Esto se debe a que cuando somos niños no somos muy conscientes de la realidad de la situación y terminamos aceptando ciertas cosas por inocencia, y no reconocemos que puede ser malo para nosotros.

Y en el proceso de curación, sobre todo, perdona. Por difícil que sea, el ejercicio del perdón es muy bueno para tu salud en general. El sentimiento de ira y resentimiento hace que las hormonas relacionadas con el estrés se liberen en el torrente sanguíneo en todo momento. Y hay personas que viven en ese estado todo el tiempo, sin saber el mal silencioso que se están haciendo a sí mismos al envenenar sus cuerpos.

El perdón le brindará el consuelo interior que necesita. Solo a través del perdón experimentaremos la verdadera libertad para vivir una vida saludable. Para algunos, el perdón es más fácil, pero para otros es muy difícil, ya que consideran ese dolor como algo insuperable e irremediable. Vi a personas que fueron golpeadas y el agresor pidió perdón, pero solo perdonaron externamente, de boca en boca, como dicen. Esto no aportó eficacia al propósito para el que se pretendía el perdón. Por eso, el perdón tiene que ser íntimo, tiene que ser un perdón de conciencia, sin reservas y con total sentimiento.

El perdón funciona según el mismo principio que el dolor. Es bien sabido que sentirse herido es como si ingiriera un poquito de veneno para causar daño a otra persona, pero en verdad quien estaría siendo envenenado sería usted mismo. Es un intento de "suicidio" contra el otro. Con el perdón pasa lo mismo. Es el antídoto contra el dolor. Perdonas y el perdón funciona de la manera más beneficiosa para ti. Actúa también sobre los demás, pero el más afectado eres tú, ya que las mejoras internas se producirán en ti con la salida de malos sentimientos y la entrada de nuevas sensaciones de bienestar.

21

CIENCIA Y PERDÓN

La ciencia muestra que el perdón no es solo algo basado en la religión, algo psicológico, porque demuestra a través de la investigación que el cuerpo físico agradece a quienes practican el perdón como práctica.

La psicoanalista brasileña Suzana Avezum descubrió a través de su investigación que las personas que tienen dificultades para ejecutar el perdón tienen más probabilidades de sufrir un infarto de miocardio. Al analizar dos grupos de personas con perfiles similares, un grupo en el que todos habían sufrido un infarto y el otro no, se encontró que los que perdonaron con mayor facilidad estaban en el segundo grupo. Por otro lado, observó que en el grupo de pacientes con infarto, una característica común era el hecho de que todos estaban sometidos a situaciones por las cuales no perdonaban al infractor. Y esta sensación de dolor hace que se liberen descargas de adrenalina y cortisol en el cuerpo, dañando la salud.

Según el Dr. Daniel Barros, psiquiatra y profesor colaborador del Departamento de Psiquiatría de la Facultad de Medicina de la USP (Brasil), existen dos tipos de perdón. El primero tiene que ver con el perdón racional. Es aquel en el que racionalizas lo que pasó y decides no pensar más en ello. El segundo es el perdón emocional, donde dejas ir los sentimientos y sensaciones negativas, el odio, el dolor y el resentimiento. Y es precisamente en el segundo tipo donde se experimentan los mayores beneficios para el cuerpo y el corazón, ya que esto es lo que reducirá la carga de cortisol.

Perdonar no es simplemente arrojar el dolor y el resentimiento debajo de la alfombra como hacen algunos con el polvo que barre de la casa. Ha desaparecido de la vista, pero está escondido debajo de la alfombra. Perdonar es mayor. Perdonar exige olvido. Tienes que dejarlo ir, dejarlo ir. Y lo mejor de todo es que se puede entrenar al perdón. Algunas personas pueden perdonar con mayor facilidad, debido a características relacionadas con su personalidad, educación o religiosidad. Otros no tienen esta facilidad pero pueden beneficiarse de la ayuda profesional. Y esto puede ser liberador si aceptas que la falta de perdón es curable.

El perdón en este punto se disocia de la religión y pasa al campo de la ciencia. Durante mucho tiempo hemos creído que perdonar era "divino". Realmente lo es, pero no solo desde un punto de vista metafísico. La liberación que experimenta el cuerpo físico a través de la práctica del perdón se convierte en algo tangible, mensurable y que puede ir acompañado de la ciencia. Nuestra razón ahora puede estar segura de que lo que han recomendado varios religiosos a lo largo de los siglos, es algo real y beneficioso para el organismo.

Sin embargo, el perdón no es solo en relación con los demás. También puedes perdonarte a ti mismo. Todos escuchamos que debemos amarnos a nosotros mismos, y por ello también debemos perdonarnos a nosotros mismos siempre que sintamos que vivimos situaciones desagradables por nuestra propia cuenta o voluntad. También hay que practicar el perdón a uno mismo, ya que, al igual que el perdón a los demás, es dañino pero va más allá porque el presunto agresor y el agresor somos nosotros mismos.

Las personas que están estresadas ciertamente viven vidas sin sentido, fallando simplemente porque no practican el perdón. Hay situaciones no resueltas y no perdonadas dentro de ellos que los están carcomiendo como el ácido. Y no solo en tu mente, sino en el cuerpo a través de las hormonas y los efectos que provocan cuando se distribuyen en el torrente sanguíneo. Hay personas que parecen adictas al cortisol y la adrenalina. No pueden vivir sin estar agitados y estresados y, sobre todo, enojados con todo y con todos.

El recuerdo negativo del ser humano es increíble. Se superpone a lo positivo. El ser humano tiende a olvidar sus puntos positivos, olvida sus buenos momentos, pero las situaciones adversas nos marcan de tal manera que no podemos olvidar.

La práctica de perdonar aumenta la liberación de oxitocina, que también se conoce como la hormona del amor o de las relaciones. El amor tiene una relación íntima con el perdón porque perdonar es una forma de amarte a ti mismo. Aquellos que perdonan experimentan una mayor sensación de relajación y bienestar. El perdón aún hace que la serotonina y la dopamina se liberen en el cuerpo y estos dos neurotransmisores ayudan a mejorar el estado de ánimo. Y luego la vida de la persona mejora, porque se convierte en un círculo virtuoso. Cuanto mejor está la vida, más perdón libera y más hormonas de bienestar se liberan en el cuerpo.

Es natural que te enojes durante unos minutos o incluso horas, pero desde el momento en que estás en ese estado de ánimo durante varios días es una señal de que ha sucedido algo anormal. Cuando estás enfadado durante unos días, la mente ha racionalizado ese sentimiento. Ese sentimiento abandona el campo de la emoción y estás usando la razón para alimentarlo y mantenerlo. Es el momento en el que estás reflexionando sobre esa ira para tratar de extraer una mayor concentración de ella. Es una actitud altamente destructiva, ya que está interiorizando esa situación pasada en tu mente y esto puede dificultar el proceso del perdón. El cardiólogo y profesor Dr. Artur Zular compara el dolor y la falta de perdón con una herida abierta en la persona que mantiene este sentimiento. Es como una hemorragia. Esta herida libera hormonas asociadas con el estrés en todo momento, que son tan malas para el corazón. Para él, el acto de no perdonar deja al organismo en estado de alerta todo el tiempo debido a la carga de cortisol que se libera y en niveles excesivos es sumamente dañino.

Pide perdón. Perdona y perdónate a ti mismo.

22

REMEDIO PARA EL ALMA

El alivio que necesitamos es, sin duda, un estilo de vida que valora la paz consigo mismo. Una persona que vive en conflicto consigo misma nunca podrá tener paz en su relación con los demás. Después de descubrir esto, todos debemos buscar dentro de nosotros mismos lo que nos trae la paz interior en el sentido de que esta misma paz se desborda hacia el exterior. Una persona pacífica no es en modo alguno quien vive aceptando las situaciones y ofensas que se le imponen. Lejos de ahi. De hecho, busca mejorar su personalidad para que determinadas situaciones adversas se vuelvan demasiado pequeñas y pueda superarlas.

Una persona que simplemente se traga todo lo malo que se le impone no está viviendo en paz. Ciertamente está aparentemente en paz, pero por dentro está llena de revueltas por no poder expresar lo que realmente quería en relación con lo que está viviendo en este momento. La falta de una voz de manifestación aprisiona más que la celda real en una cárcel. Aprisiona el alma y hace que la persona esté aún más en conflicto. Incluso alguien en prisión tiene derecho a hablar y hablar. Pero una persona que ha quedado atrapada en su interior, en su alma, no puede hablar en absoluto.

El tema de esta prisión interna es una vez más la falta de perdón. Sin el perdón, una persona no puede convertirse en lo que nació para ser. Libre. Quien no perdona no ejerce realmente su vocación, porque no tiene libertad para cumplir su voluntad. Está dominado por la sensación de que siempre falta algo. Y esta cosa siempre se busca en el otro, en lo externo, sin reconocer que lo que tanto busca, incluso sin saberlo, está precisamente dentro de sí mismo. Vivir de esta manera hace que una persona se vuelva más amarga con los años. Y lo peor es cuando la persona mira hacia atrás y se da cuenta de que no ha logrado lo que debió haber hecho y ni siquiera se da cuenta de que ese sentimiento que lo había silenciado todos estos años podría haberlo quitado él mismo a través de un mayor enfoque dentro de él.

La solución a estos conflictos que te quitan la paz está dentro de ti. No tiene sentido mirar hacia afuera, ya que es algo más difícil que requiere un esfuerzo conjunto con otra persona. La matriz de este conflicto es interna porque la mayoría de las veces surgió de un error de interpretación que hicimos sobre algo que alguien hizo o dijo. No siempre una persona que pensamos que hicimos mal lo hizo con esa intención. A veces una persona que nos ofendió no tenía ese deseo de hacerlo, pero lo hizo por falta de preparación, inmadurez y lo llevábamos como si fuera lo más importante de la vida. Esto sucede mucho en las familias. Un padre, una madre o un hermano dice algo que para ellos era trivial o común y quien lo recibe lo interpreta de una forma que le da un significado mucho más pesado de lo que debería ser. Y mantiene esa sensación. Y lamenta ese sentimiento. Y ese sentimiento se endurece y se convierte en pena.

Y esa persona que recibió este mensaje espera una disculpa del otro, que no llega. Y pasa el tiempo y el dolor crece y se vuelve algo fuera de control. Había visto un monstruo gigante dentro de esa persona. Los sentimientos se involucran de manera negativa. Esa persona se convierte en una persona reactiva. Que trata mal a los demás porque cree que el mundo le debe algo.

O bien esa persona se paraliza en sus sentimientos y se vuelve más introspectiva atrapada en el exilio mental de sus pensamientos de rebelión. Ella no sabe que la solución a esto estaba dentro de ella. El perdon Si hubiera perdonado esa actitud, esas palabras, por más difíciles que sean, no habría entrado en ese estado de cosas y sentimientos que la ha destruido. Ciertamente, si hubiera sabido esto y hubiera tenido más madurez emocional, podría haber escapado de esta trampa mental. Pero la ausencia o el bajo desarrollo de su inteligencia emocional la convirtió en una esclava zombi del sentimiento de dolor.

Y nuevamente repetimos: El perdón es la clave para liberarnos de todos y cada uno de los sentimientos de odio y dolor. Perdonarnos por la sensación de fracaso, por la falta de reacción al sentirse ofendido, porque muchas personas se aferran al hecho de que podrían haber reaccionado ante una ofensa, pero en realidad la no reacción fue la mejor opción, ya que pudo haber hecho la situación. peor. En el mundo ideal, el ofensor y el ofendido podrían pedirse perdón y, sellando el sentimiento con un apretón de manos o un abrazo, podrían haber enterrado ese dolor para siempre. Pero el orgullo que cada uno siente impide que se lleven a cabo acciones como esta.

Una vida sin perdón es una vida mal vivida. Es solo la mitad de una vida, porque solo vas a experimentar el lado malo de las cosas. El lado bueno de la vida está en el perdón, porque exige olvido. Pero no para olvidar la acción en sí, sino para olvidar el sentimiento de rabia y decepción que tuviste al vivir toda esta situación. No debemos olvidar que es el sentimiento el que interioriza lo más profundo en nosotros, porque a través del sentimiento desde hace mucho tiempo comenzamos a racionalizar el aprendizaje de las diferentes experiencias a las que nos hemos sometido. **Vivir el mal sentimiento amarga nuestra existencia**. Nos impide probar lo que es bueno y lo que la vida tiene para ofrecernos, porque la desconfianza tiene el poder de estropear cualquier nueva experiencia provocando que nos convirtamos en seres emocionalmente bloqueados.

Durante el Sermón del Monte, Jesús dijo que si una persona te ataca, debes mostrarle el otro lado. Pero esta actitud no revela pasividad hasta el punto de que simplemente volteas la cara para que la persona pueda completar su obra de violencia. En realidad, significa que debes perdonar. Porque cuando una persona llega al punto de golpearte, tiene un sentimiento de ira y tal vez incluso odio en su corazón. ¿Y qué es lo opuesto a eso, el otro lado de ese sentimiento? Es el amor. Y el amor es perdón. Ama a tu prójimo y especialmente a ti mismo.

Y por eso decimos que el perdón es liberador, porque el perdón es expresión de amor y el amor es libertad.

23

DESBORDANTE

Una caja de agua cuando está llena y continúa recibiendo agua de la fuente tiene dos alternativas. Uno es seguir el curso natural y desbordar. El otro es el camino artificial, que hace un agujero para que el agua escape por ese agujero. La naturaleza de las cosas conduce al desbordamiento. La anomalía conduce al agujero extra también conocido popularmente como "el ladrón". En el transbordo, lo que se recibe se comparte con el externo. No es natural retener cosas, especialmente conocimientos. ¿Por qué usarlo si tienes mucho conocimiento y no lo publicas para cambiar la vida de otras personas?

Así ocurre con el autoconocimiento. Después de descubrir que existe todo este mundo que es naturalmente controlable, un dirigible dentro de usted, la tendencia es ayudar a otras personas a descubrirse a sí mismas como conductores de sus propias vidas. Después de descubrir el bien que te hace tener y mantener la mente libre de malos pensamientos y un corazón libre de dolor y capaz de perdonar, debes y tienes la obligación de compartir esto con los demás. Mucha gente aún no ha hecho este descubrimiento. Muchos todavía viven bajo el yugo del dolor. Si bien te has liberado de toda la negatividad que había en ti, a menudo sin siquiera darte cuenta, muchas personas a tu alrededor aún viven así. Estas personas son esclavas de la culpa, la vergüenza, el miedo, el odio. Necesitan libertad interior. Seamos ese canal de libertad. Enseñemos a los demás la importancia de vivir una vida plena sin más candados emocionales que les impidan sentir el verdadero sabor de la vida.

Cuando desbordas tu conocimiento en la vida de los demás, generas un valor incalculable, pues muchas veces ese conocimiento se perdería o se encerraría en tu mente y no provocaría ningún tipo de transformación, ya que la gente no tendría acceso a él. Ya sea hablando, escribiendo o produciendo/construyendo algo, puede hacer que este conocimiento se desborde en la vida de las personas. Imagina que vas por la vida y no dejas nada concreto para que la gente te recuerde. Así es. Así es como vivimos la mayoría de nosotros. No dejamos nada, ningún legado capaz de tomar nuestro nombre para perpetuarse. El acto de desbordar no es para su jactancia, no para querer lucirse y tener éxito financiero. Más bien, es para afirmar la abundancia que tienes dentro de ti. Demuestra que eres especial hasta el punto de que tienes mucho que aportar a la vida de las personas.

Tenemos esta característica. Todos somos especiales. Cada uno de nosotros vive en un colectivo, pero tenemos algo dentro de nosotros que es único, que permanece en nosotros y podemos transmitirlo a los demás. Sin embargo, vivimos bloqueados emocionalmente, y no sabemos reconocer en nosotros mismos alguna característica que nos hace diferentes a los demás. Interiormente sabemos que somos especiales, pero no nos distinguimos porque nuestro inconsciente ha sido atrapado por formateo pasado. Seremos libres en el momento en que cambiemos nuestra mentalidad para que podamos aprovechar nuestro potencial. Muchas veces ni siquiera tenemos las condiciones para saber adónde podemos ir porque ni siquiera tenemos el valor de poner a prueba nuestros límites y en ese sentido vivimos atrapados en nuestros miedos y traumas que impiden nuestro transbordo.

Hoy en día, las redes sociales son un buen medio para desbordar la vida de las personas. Las redes son libres para que cada persona hable y enseñe lo que sabe o desarrolla. Varias personas incluso ganan dinero haciéndolo. Gente común como nosotros, que se elevó a la fama y al éxito porque tuvieron el coraje de mostrarse en Internet. En el pasado para que desbordaras tu talento, tu don, tenías que pasar por el escrutinio de algún director de una emisora de televisión. Hoy no. Internet es gratis para hablar y hacerlo realidad. Tenemos que aprovechar este momento único en la historia, donde más que nunca las posibilidades son relativamente iguales para todos.

Cada vez que pensamos en desbordar también tenemos que tener en cuenta que sería muy egoísta de nuestra parte no dejar salir lo que podemos aportar a la mejora del mundo o la vida de una persona. Cuántas personas tienen tantos talentos ocultos, tantas cosas que mostrar, y no lo hacen porque la vergüenza o la timidez no se lo permiten. No podemos negar que muchos no son tímidos, sino que sufren de perfeccionismo. Siempre quieren lanzarse a la versión final. Pero la perfección no existe y siempre hay margen de mejora o progreso. Evitar que la gente conozca tu trabajo porque quieres presentar algo perfecto no es prudente, porque todos los días tendrás algo bueno que agregar y nunca mostrarás lo que quieres.

El estándar de normalidad en la sociedad tampoco contribuye mucho al desbordamiento, porque cada momento nos impulsa a ser egoístas y no a compartir. Esto nos hace menos transparentes y no revela realmente lo que tenemos. El cultivo de buenos pensamientos nos dará una sensación de paz y altruismo. Y ese movimiento generará resultados fantásticos cuando interactuamos con otras personas.

Se desborda en la vida de alguien. Aprenda algo bueno y productivo. Enséñeles a los demás lo que ha aprendido. Enséñele a la gente lo que ha descubierto. También despertará algo bueno en ellos y formará un círculo de virtud a tu alrededor. Ayudará a otros y se beneficiará al máximo al mismo tiempo.

24

SEA FELIZ

La felicidad es un estado del espíritu. Esa frase todos deben haber escuchado. Se habla ampliamente en todos los medios. Hay mucha verdad en ello porque la felicidad realmente debe encontrarse dentro de ti. Todos buscamos la felicidad de alguna manera. Hay personas que corren tras la felicidad (o lo que creen que son), pero nunca la alcanzan. Lo están haciendo de manera incorrecta. ¿Cómo se equivoca? ¿Hora de correr? No. En el lugar donde te buscan. Muchos buscan la felicidad en el exterior, en el otro, en algo fuera de sí mismos, cuando deberían buscarla desde dentro. No se puede encontrar la felicidad sin buscarla, pero para encontrarla es necesario buscar en el lugar adecuado.

En la búsqueda de la felicidad muchos se sentirán decepcionados y terminarán rindiéndose, viviendo sus vidas de la peor manera posible. La felicidad está en las cosas más simples. El mundo de hoy con toda su sofisticación nos enseña a buscar la felicidad en las cosas materiales. Nos hace pensar que solo los que tienen dinero y bienes de lujo son felices. Me equivoco al pensar eso, porque incluso las personas con éxito financiero pueden estar atravesando momentos de infelicidad y tristeza, sin que eso se note. La felicidad es como ese lugar perfecto que todo el mundo imagina que sabe dónde está, algunos piensan que tienen un mapa para llegar, pero nadie lo encuentra realmente. Quien sea verdaderamente feliz, se encontró a sí mismo antes de encontrar tal felicidad.

Cuando una persona busca la felicidad, primero tiene que buscar el conocimiento de sí mismo. Antes de pensar en la felicidad como algo que la llenará, tiene que pensar en ella como algo que la completará. ¿Pero como asi? Simple: algo cuando está vacío en sí mismo necesita un elemento que llene este espacio vacío. Algo que ya tiene elementos dentro necesita más para completarlo. E incluso hacer que se desborde.

Cuando una persona mira hacia adentro, encontrará cosas que tal vez ni siquiera sepa que posee. Mirar adentro es como si vivieras en una casa, con varias habitaciones y siempre hay una en la que guardas cualquier cosa y se llena para que ni siquiera sepas lo que hay adentro. Algunas personas llaman a esta habitación un vertedero. La mirada al interior es ese proceso del día de limpieza. Es el día de esa gran limpieza que haces. Abre las cortinas de esa habitación, abre la ventana, deja entrar la luz, el aire se renovará. Luego comienza, sin mucho coraje, a sacar esas cajas polvorientas y abrirlas una a una. Verás cosas que ni siquiera recordabas que tenías. Cosas que te traen muchos recuerdos, unos buenos otros malos. Y te sientas y pasas horas revisando todo.

Esta limpieza interna te hace recordar muchas cosas que quizás ni siquiera queramos recordar. Todo el mundo ha tenido altibajos en la vida. Lo que somos hoy es el resultado de todo un proceso que comenzó en el pasado. El pasado que ya no se puede cambiar, pero como dijimos, se puede y se debe replantear.

Durante esta entrada en ti te darás cuenta de que no todo fue malo. Todos tenemos momentos en los que nos sentimos bien en algún momento. Todo el mundo tiene siempre un momento, aunque sea íntimo, escondido, en el que hemos tenido un sentimiento de alegría y paz. Somos seres nacidos para la felicidad. Y esa felicidad se encuentra dentro de nosotros. No podemos negar esta realidad, porque cuando fuimos creados, nos convertimos en seres completos y la felicidad ya estaba incluida en el paquete. Pero es posible que se haya perdido con el crecimiento y las adversidades experimentadas a lo largo del tiempo. Y la noción de felicidad y su significado se vuelve distante en el momento en que olvidamos que está dentro de nosotros, en algún lugar perdido. Y luego comienza la búsqueda en ubicaciones externas. El cerebro tampoco nos ayuda, no nos da pistas de que está adentro. El cerebro se deja seducir y nos induce a creer que tenemos que tener mucho para ser felices.

Y de hecho es mucho más natural y sencillo para ti hacer lo contrario. Alégrate de tener mucho. Piense por un momento. Si necesitas tener mucho para ser feliz, puede ser que esta felicidad nunca llegue o no sea suficiente o venga en picos, porque siempre dependerá de más y más cosas externas para llenarnos. Y así es como vive mucha gente. Tratando de encontrar la felicidad en lo que no tienes, en lo que no puedes controlar. Y llegamos a la conclusión de que no están o no están contentos con eso. Por no poder lograr lo que quieren, o no en la cantidad que quieren.

Por el contrario, si reconoces la felicidad en lo que ya tienes, ese sentimiento te reconforta. Y eso te brinda la paz necesaria para que tu mente trabaje junto contigo, en el inconsciente, para que tu vida sea mejor. Y esto le traerá resultados maravillosos. Recuerda que un pensamiento genera un sentimiento que genera una acción. De modo que esa sensación de felicidad ya es un segundo paso en el camino de los resultados, que a su vez te traerá felicidad, convirtiéndolo en un motor continuo.

El sentimiento de felicidad se encontrará dentro de ti. Comienza con un pensamiento de felicidad. Está dentro de ti en tus pensamientos. Parece una locura decir esto. Parece muy simple, y lo es. Es tan simple que parece imposible que sea así. Hemos dicho esto antes. La felicidad está adentro. Búscalo, pensando en los momentos en los que te sentiste feliz, aunque fueran pocos. Ten en cuenta ese pensamiento, para que puedas acceder a él en todo momento y cuando la tristeza llame a la puerta, no contestes. Pon ese pensamiento de felicidad que encontraste como vigilante.

La búsqueda de la felicidad y la realización de los sueños es lo que todo ser humano anhela. Muchos no pueden alcanzar la meta, y muchos ni siquiera pueden establecer esa meta, sin saber que es el punto de partida para lograr lo que uno quiere. Vivimos en una sociedad agitada que requiere más producción de nosotros al mismo tiempo y nos da menos tiempo.

Sin embargo, tenemos en nuestras manos la clave que nos saca de esta inercia total, que nos desanima cada día: **El poder de nuestro pensamiento, combinado con el poder de nuestra acción**.

Definiendo claramente hacia dónde queremos ir, trazando la hoja de ruta que seguiremos y reinventándonos cada día para activar nuestra identidad, podemos llegar a donde queramos, ya que una llama viva de motivación siempre estará encendida dentro de nosotros. Estamos en condiciones de ganar, porque nuestra línea de meta se acerca a cada paso que damos hacia ella. No pares. Cansarte, pero no pares. Su bebida energética puede estar a la vuelta de la esquina. Manténgase activo todas las mañanas. Activa tu identidad de ganador, y recuerda siempre que no naciste para sufrir, ya que muchos pueden intentar hacerte creer.

Ponte en comunión con los que te rodean y, sobre todo, ponte en comunión contigo mismo. No pierdas la oportunidad de perdonar a los demás y, sobre todo, de perdonarte a ti mismo también. Mantenga su objetivo establecido y también ajuste su enfoque para hacer más cosas.

Esa es la sencillez de la búsqueda de la felicidad. Se supone que debes encontrarlo donde menos te lo esperes. Está justo adentro.

25

¿FINAL?

Tu cerebro es tu amigo. Al parecer, para poder ayudarte y protegerte, termina haciendo que te quedes quieto o incluso que des pasos hacia atrás. Pero esta actitud de su parte se debe a que se basa en el tipo de patrón y programación que te has proporcionado. Estamos en constante aprendizaje y en nuestra vida con cada paso que damos, nos demos cuenta o no, estamos alimentando nuestro cerebro con la información que utilizará para luego realizar las tareas que le son inherentes y que rigen nuestra vida. Nunca debemos tratarlo como si no fuera importante, dándole información dañina con la esperanza de que nos proporcione respuestas positivas.

Siempre que nos basamos en la negatividad y los pensamientos tóxicos y destructivos, inundamos la mente con esta información y están arraigados allí, listos para germinar y eventualmente dar frutos. Como dijimos, la mente florece a partir de lo que elegimos plantar. Es como un jardín donde sembramos plantones de margaritas con la esperanza de cosechar rosas. Imposible. Por eso debemos tener cuidado con el cerebro desde el punto de vista de lo que elegimos pensar. Si la mente está inundada de pensamientos de destrucción, el cerebro siempre usará las bases de esos pensamientos para dirigir nuestras vidas.

No espere cosas buenas si solo piensa en cosas malas. No escuches a las personas negativas, no les hagas compañía constantemente, no sea que seas contaminado por su veneno moral. Las personas tóxicas deben ser ayudadas, tratadas, pero no pueden estar demasiado cerca de nosotros para que no oscurezcan nuestra luz. Una buena persona tiene la tendencia a ayudar siempre a los demás y realmente debería hacerlo, pero nunca debería permitirse contaminarse negativamente con el patrón de pensamientos del otro.

La energía del universo se dispersa, pero los pensamientos la canalizan, ya sea para bien o para mal. La mente debe ser vista como un filtro, porque es la que determinará lo que tendrá tu cerebro como patrón para ayudarte a controlar tu vida y, en consecuencia, a alcanzar tus metas.

El cerebro saboteador está programado para hacer que las cosas salgan mal dentro de su planificación, pero no por malicia. Es para su protección, para evitar que se sienta frustrado o herido. Pero los que no se arriesgan no alcanzan sus metas. Debes cambiar tu patrón de pensamiento para que tu cerebro entienda que estás dispuesto a correr estos riesgos en busca de una mayor felicidad.

Busque siempre el conocimiento y la sabiduría para sacar lo mejor de la vida. Todos aprendemos de nuestros errores y es aún mejor aprender de los errores de los demás. De ahí la importancia de buscar siempre el conocimiento de aquellos que ya están un paso por delante del nuestro, más cerca de donde queremos llegar. Nunca es demasiado tarde para aprender y cambiar el comportamiento, para cambiar el curso de nuestras acciones. Lo primero que debemos hacer es cambiar nuestros pensamientos. Intente cambiar. Sea valiente y cambie.

La vida espera más de nosotros. Nacimos para la grandeza. No solo grandeza en términos de fama y dinero, sino grandeza espiritual. Seamos un ejemplo para la gente. Seamos la persona ideal que queremos ver en el mundo. No dejes que tu cerebro te sabotee más. Demuéstrale que tienes el control. Vive la vida de tus sueños proyectando en tu mente el bien que deseas, de modo que tu mente programe tu cerebro para que haga lo que quieras y no lo que crea que es mejor para ti.

Vive en paz con tu cerebro, pero si intenta sabotearte, muéstrale quién manda.

Estamos aqui.